本书受西南财经大学全国中国特色社会主义政治经济学研究中心资助出版

国家作用与现代社会的经济发展

韩文龙 著

中国社会科学出版社

图书在版编目（CIP）数据

国家作用与现代社会的经济发展／韩文龙著．—北京：中国社会科学出版社，2020.8

ISBN 978-7-5203-6983-1

Ⅰ.①国… Ⅱ.①韩… Ⅲ.①国家—作用—世界经济—经济发展—研究 Ⅳ.①F113.4

中国版本图书馆 CIP 数据核字（2020）第 145633 号

出 版 人	赵剑英
责任编辑	王　衡
责任校对	王　森
责任印制	王　超

出　　版	中国社会科学出版社
社　　址	北京鼓楼西大街甲 158 号
邮　　编	100720
网　　址	http://www.csspw.cn
发 行 部	010-84083685
门 市 部	010-84029450
经　　销	新华书店及其他书店

印　　刷	北京明恒达印务有限公司
装　　订	廊坊市广阳区广增装订厂
版　　次	2020 年 8 月第 1 版
印　　次	2020 年 8 月第 1 次印刷

开　　本	710×1000　1/16
印　　张	10.75
字　　数	141 千字
定　　价	59.00 元

凡购买中国社会科学出版社图书，如有质量问题请与本社营销中心联系调换
电话：010-84083683
版权所有　侵权必究

前　言

改革开放以来，政府和市场关系问题一直是中国经济体制改革的核心问题之一。如何正确认识和理解1949年中华人民共和国成立以来经济社会发展方面的成就和经验教训，以及如何正确认识和解释中国改革开放40多年来经济发展方面取得的巨大成就？理论界给出了不同的解读，如中西方学者从不同角度对中国道路和中国模式给出了阐释。这些阐释有一定的道理，但是大多是借用和套用西方理论来解释中国现象，导致在解释深度上有所欠缺，或者是丧失了理论话语权。习近平总书记提出"要坚持中国特色社会主义政治经济学的重大原则"，是对中国特色社会主义政治经济学理论体系和话语体系构建提供了总的指导原则。要坚持这些重大原则，需要在中国特色社会主义政治经济学理论体系构建中体现中国特色、中国风格和中国气派。其中，国家在中国特色社会主义市场经济发展过程中起到了关键性的作用。如何理解国家的角色，以及国家在经济增长、收入分配、国内统一市场构建、对外贸易和世界市场、生产性消费和生活性消费中的作用是理解和构建中国特色社会主义政治经济学理论体系的关键。从这一点来看，结合中外经验，研究国家在经济发展中的作用，具有重要意义。

本书的主题是国家在经济发展中的作用，具体来说，围绕"生产—分配—交换—消费"四个环节，研究国家在经济发展中的作用。具体的研究章节安排如下所示。

第一章为导论，主要提出了本书的现实背景、理论意义和现实意义；确定了研究目的、研究范围和研究方法；提出了研究的核心概念、主要内容、行文章节安排和逻辑结构；给出了研究可能的创新，以及存在的研究不足。

第二章为文献回顾及基础理论，对国家在经济发展中的作用的相关研究进行了评述。并提出了本书使用的理论基础，以及理论分析框架。

第三章为国家在经济增长中的作用。笔者提出现代国家在经济增长中发挥了越来越重要的作用，包括保障政权巩固和社会稳定、提供现代社会和市场有效运行的基础设施和公共服务、构建保障市场有效运行的制度基础设施、调节阶级之间和利益集团之间的利益冲突、实施有效的宏观经济政策和对外维护国家和企业等的经济利益等。从美国经济发展历程中可以看出，国家在经济增长中的作用，不同性质和处于不同发展阶段的国家，其所发挥的作用是不同的。以中华人民共和国成立以来的所有制变迁为线索，可以发现国家立场和国家利益的变化是制度调整的重要原因。

第四章研究了国家在收入再分配中的作用。从西方国家经验可知，政府再分配职能和手段会随着对政府职能价值认识、市场经济模式和社会发展阶段性的不同而演进。为此，履行好政府收入再分配调节职能，发挥好政府在收入再分配中的作用，是缩小中国社会阶层收入差距的重要举措。

第五章研究了构建和完善中的国家作用。通过比较研究发现，在西方经济学中古典自由主义、凯恩斯主义和新自由主义等对国家与市场关系的认识是不一样的。比较分析美国、欧盟和中国在不同市场经济模式下，国家在市场构建和完善中的作用是完全不一样的，这对中国构建和完善市场经济体制具有重要启示。

第六章研究了"对外贸易"和"世界市场"中国家的作用。从历史经验看，"对外贸易"和"世界市场"中发挥国家的作用，这既源于实现的需要，也是体现国家主体性和利益性的需要。在"对外贸易"和"世界市场"中，国家的作用是可以具体化的，包括提供安全性保障、参与国际协定和规则制定、直接参与国际经济交往、提供国际性和区域性的公共产品和服务、提供国内产业和政策支持和承担最后担保人角色等。以英国的发展历史来看，在"对外贸易"和"世界市场"中，国家的作用是随着发展阶段和国家综合国力的变化而变化的，最终是由其国家利益决定的。

第七章研究了国家在消费中的作用。比较计划经济体制和市场经济体制，可以发现政府在消费中的作用机制和结果是不一样的。在现代市场经济中，国家对居民消费的影响和作用主要包括：通过调节收入分配影响居民的消费水平，通过提高商品和服务的供给数量和质量影响居民的消费能力，提供消费所需要的制度基础设施，提供公共产品和公共服务影响居民的消费辐度，构建现代信用体系扩张消费，通过进口政策调节居民的消费需求。

第八章则是结尾章，首先总结了主要研究结论，再次对未来可能的研究方向进行了展望。

本书可能的创新之处包括：第一，应用了新的研究视角。传统理论认为市场机制和政府在经济社会发展过程中发挥了重要作用，而忽视了国家在经济发展过程中的作用。国家具有比政府的行政职能更广的职能和含义，国家在经济发展中作用，不仅仅是通过行政职能实现的，还可以通过政党制度、司法体系、意识形态和国外交往关系，统筹利用国内和国外两个市场，国内和国外两类资源来实现。

第二，在研究内容上进行了拓展。一般理论总是在研究政府在经济增长中的作用，很少在内容上进行拓展。本书从国家视角出发，拓展了研究内容，围绕"生产—分配—交换—消费"四个环节，从国家角度来考虑国家在经济增长、收入分配、国内统一市场构建、对外贸易和世界市场、对生产性消费和生活性消费中的作用。

第三，在研究方法上进行综合。以往关于政府在经济增长中作用的研究多沿用模型构建到实证检验的思路，具有理论研究的规范性，但是也缺乏了经济史的深度和经济思想史的厚重性。本书从经济史和经济思想史的比较研究中来寻找国家在不同类型经济体经济发展中的作用，然后由经验上升为理论，通过构建理论，进一步通过案例分析进行理论验证。

Preface

Since the reform and opening up, the adjustment of the relationship between the government and the market has been one of the core issues in the reform of China's economic system. How to correctly understand China's achievements and experience in economic and social development since the founding of the People's Republic of China in 1949? How to correctly understand and explain China's great achievements in economic development over the past four decades of reform and opening up? The theoretical realm gives different interpretations. For example, Chinese and western scholars interpret the Chinese road and Chinese model from different perspectives. There is some validity in these interpretations, but most of them apply western theories to explaining Chinese phenomena, resulting in a lack of depth of explanation or a loss of theoretical discourse power. General secretary Xi Jinping proposed "to adhere to the major principles of socialist political economy with Chinese characteristics", which provided the general guiding principles for the construction of the theoretical system and discourse system of socialist political economy with Chinese characteristics. To adhere to these major principles, it is necessary to embody Chinese characteristics, Chinese style and Chinese style in the construction of the theoretical system of socialist political economy with Chinese characteristics. Among them, the state has played a key role in the development of the socialist market economy with Chinese characteristics. How to understand the role of the state and the mechanism of the influence of the state on economic growth, social common prosperity, domestic unified market construction, national external and world markets, and national supply capacity on productive consumption and living consumption are the key links to understand and construct the theoretical system of socialist political economy with Chinese characteristics. Thus, combined with Chinese and foreign experience, the study of the role of the state in economic development, has great significance.

The theme of this study is the role of the state in economic development. To be specific, the role of the state in economic development is studied around the four links of "production, distribution, exchange, consumption". The specific research chapters are arranged as follows.

Chapter 1 is the introduction, which mainly puts forward the realistic background, theoretical and realistic significance of this research. The purpose, scope and method of the book are determined. The core concept, main content, chapter arrangement and logical structure of the book are put forward. The possible innovation of the book and the deficiency of the research are given.

Chapter 2 is a review of the literature and basic theories on the role of the state in economic development. The theoretical basis and theoretical analysis framework for this book are proposed.

Chapter 3 analyses the role of the state in economic growth. The modern state has played a more and more important role in economic growth, including security regime consolidation and social stability, providing infrastructure and public services for modern society and the market effective operation, building security market effective operation of the system infrastructure, adjusting interest conflict between classes and interest groups, and implement effective macroeconomic policies and protect economic interests from foreign countries and enterprises, etc. It can be seen from the economic development of the United States that the role of the state in economic growth is different in different natures and different stages of development. Taking the change of ownership since the founding of new China as the clue, we can find that the change of national position and national interest is the important reason of system adjustment.

Chapter 4 studies the role of the state in income distribution and redistribution. It can be seen from the experience of western countries that the government redistribution functions and means will evolve with the different understanding of the value of government functions, the market economic model and the stage of social development. Therefore, it is an important measure to narrow the income gap in China to fulfill the regulating function of government income redistribution and give full play to the role of government in income redistribution.

Chapter 5 studies the role of the state in the construction and improvement. Through comparative study, it is found that western economics, classical liberalism, keynesianism and neoliberalism have different understanding of the relationship between state and market. Comparative analysis of the United States, the European Union and China in different market economy models, the role of state in the market construction and improvement is completely different, which has important implications for China to build and improve the market economy system.

Chapter 6 studies the role of the state in "foreign trade" and "global market". From historical experience, the role of the state palys in "foreign trade" and "global market" is not only derived from the need to achieve, but also reflects the need of national subjectivity and interest. In the "foreign trade" and "global market", the role of the state can be materialized, which includes providing security guarantee, participating in the international agreements and rules, directly involving in the international economic exchanges, providing international and regional public products and services, and providing policy support and undertake the guarantor role in the domestic industry, etc. From the perspective of the development history of Britain, in the "foreign trade" and "global market", the role of the state changes with the development stage and the change of the country's comprehensive national strength, and is ultimately determined by its national interest.

Chapter 7 studies the role of the state in consumption. Comparing the planned economy system with the market economy system, we can find that the government's action mechanism and result in consumption are different. In the modern market economy, the country's influence on residents' consumption mainly includes: affect residents' consumption level, quality and quantity by adjusting income distribution, increasing the supply of goods, providing infrastructure; expand residents' consumption level by build modern credit system; adjust the consumption of residents by importing policy.

Chapter 8 is the final chapter, which firstly summarizes the main research conclusions, and then prospects the possible future research directions.

Possible innovations of this study include: firstly, a new research perspective is applied. Traditional theory holds that the market mechanism and the government play an important role in the process of economic and social development, but ignore the role of the state in the process of economic development. Countries have a wider range than the government's administrative function of functions and meanings, which has an important role in the process of economic development, not only are implemented by administrative function, but also through the political party system, legal system, the relationship between ideology and foreign exchanges and to take advantage of both the domestic and foreign markets, make good use of two resources both at home and abroad.

Secondly, the research content has been expanded. The general theory always studies the role of the government in economic growth. From a national perspective, this study extends the research content, around the "production, distribution, exchange, consumption" four links, from the angle to consider country national economic growth, social common prosperity, build domestic unified market, national foreign and world market, supply power to the productive consumption and life consumption countries affect the mechanism of action and influence.

Thirdly, the research method should be integrated. Previous studies on the role of government in economic growth have mostly followed the idea of model construction to empirical test, which is normative in theoretical research, but also lacks the depth of economic history and the thickness of economic thought history. This book looks for the role of the state in the economic development of different types of economies from the comparative study of economic history and the history of economic thoughts, and then elevates from experience to theory by constructing theoretical hypotheses, which are further verified by empirical analysis.

目 录

第一章 导论 …………………………………………………… （1）
 第一节 研究的背景与意义 ………………………………… （1）
 第二节 研究的目的和方法 ………………………………… （3）
 第三节 核心概念 …………………………………………… （5）
 第四节 研究的主要内容和逻辑结构 ……………………… （6）
 第五节 研究可能的创新点与存在的不足 ………………… （8）

第二章 文献回顾及理论基础 ………………………………… （10）
 第一节 相关文献回顾 ……………………………………… （10）
 第二节 理论基础 …………………………………………… （21）
 第三节 理论分析框架 ……………………………………… （25）
 第四节 本章小结 …………………………………………… （27）

第三章 国家在经济增长中的作用 …………………………… （28）
 第一节 不同学派对国家在经济增长中作用的认识 ……… （28）
 第二节 国家在经济增长中的具体作用 …………………… （33）
 第三节 国家在经济增长中的作用：美国经验及启示 …… （42）
 第四节 新中国成立以来所有制变迁与国家在经济增长中的
    作用 ………………………………………………… （45）

第五节　本章小结……………………………………………（50）

第四章　国家在收入再分配中的作用 ……………………（51）

　　第一节　引言………………………………………………（51）
　　第二节　不同的政府职能认识论与政府收入再分配调节……（55）
　　第三节　不同发展阶段下的政府收入再分配调节…………（65）
　　第四节　不同市场经济模式下的政府收入再分配调节……（71）
　　第五节　更好地履行政府再分配调节职能…………………（82）
　　第六节　本章小结……………………………………………（91）

第五章　国家在市场构建中的作用 ………………………（92）

　　第一节　引言………………………………………………（92）
　　第二节　市场构建和完善中的国家作用……………………（92）
　　第三节　不同模式下国家在市场构建中的作用比较分析……（99）
　　第四节　本章小结……………………………………………（105）

第六章　国家在"对外贸易"和"世界市场"中的作用 ……（107）

　　第一节　引言………………………………………………（107）
　　第二节　"对外贸易"和"世界市场"中的国家主体性和
　　　　　　利益性……………………………………………（107）
　　第三节　"对外贸易"和"世界市场"中国家作用的
　　　　　　具体化……………………………………………（110）
　　第四节　"对外贸易"和"世界市场"中国家作用的英国
　　　　　　经验及启示………………………………………（117）
　　第五节　本章小结……………………………………………（120）

第七章 国家在消费中的作用 ……………………………………（122）
第一节 计划经济体制下和市场经济体制下国家对消费的
      不同作用 …………………………………………（122）
第二节 现代社会中国家对消费的作用 ………………………（123）
第三节 国家在消费中的作用：日本的经验与启示 …………（134）
第四节 本章小结 …………………………………………………（136）

第八章 结论与研究展望 ………………………………………（138）
第一节 主要结论 …………………………………………………（138）
第二节 未来研究展望 ……………………………………………（140）

参考文献 ……………………………………………………………（142）

第一章

导　　论

第一节　研究的背景与意义

一　研究背景

自从亚当·斯密在《国富论》中强调，在经济发展中发挥市场这只看不见的手的作用，政府应该坚守"守夜人"职能[1]；以及凯恩斯在《就业、利息和货币通论》中提出"国家干预"，要发挥政府这只看得见的手的作用，经济学界就陷入了市场与政府在配置资源和经济发展中的作用孰优孰劣的争论[2]。其实，市场和政府的作用都是有限的。在经济发展中，仅仅依靠市场和政府两种机制来配置资源和发挥作用是不够的。因为市场和政府都是有边界的，都会出现市场失灵和政府失灵。经济发展是一个国家或地区在经济增长基础上，实现经济结构、社会结构的创新，社会生活质量和投入产出效益的提高为综合内容的质的变化。面对纷繁复杂的世界，需要用新视角来考虑影响经

---

[1]　[英]亚当·斯密：《国富论》，郭大力、王亚楠译，商务印书馆2011年版。
[2]　[英]凯恩斯：《就业、利息和货币通论》，商务印书馆2014年版。

济发展的关键因素，即需要重新考虑经济发展过程中国家的作用。国家是一个范围和内容非常广泛的集合体，包括政党、司法和法律、意识形态、军队和履行行政职能的政府等。现代经济发展的历史表明，国家通过政党制度、司法和法律制度、意识形态、军队保护和政府职能等对一个地区和国家的经济发展发挥了重要作用。

改革开放以来，政府和市场关系调整一直是中国经济体制改革的核心问题之一。在经济新常态背景下，中国经济发展需要发挥市场在资源配置中的决定性作用，同时更好地发挥政府的作用，以此来提高资源配置效率，更好地实现创新、协调、绿色、开放、共享的发展理念。当前，中国经济发展正进入提高质量和转变结构的关键时期，如何发挥国家在经济发展中的作用，这需要比较他国模式，总结国内实践经验，从理论上做出阐释，为中国特色社会主义现代化建设提供一定的理论指导，为中国特色社会主义政治经济学理论体系构建提供一定的智力支持。

二 研究意义

（一）理论意义

为了适应时代发展需要，响应习近平总书记提出的"要坚持中国特色社会主义政治经济学的重大原则"，立足中国改革发展的成功实践，研究和揭示现代社会主义经济发展和运行的科学规律，学术界正在积极构建中国特色社会主义理论体系。构建中国特色社会主义政治经济学理论体系，需要坚持"解放和发展社会生产力原则""共同富裕原则""发展社会主义市场经济原则""公有制为主体、多种所有制经济共同发展原则""社会主义分配原则""独立自主同扩大开放、参与经济全球化相结合原则"和"改革、发展、稳定相统一原则"等重大原则。要实现这些原则，就需要在中国特色社会主义政治经济学理论体系构建中体现中国特色、中国风格和中国气派。其中，国家在中国特色社会主义市场经济发展过程中起到了关键性的作用。如何理解国家的角色，以及国家在经济增长、收入分配、国内统一市场构建、对外贸易和世界市场、生产性消费和生活性消费中的作用是理解和构建中国特色社会主义政治经济学理论体系的关键点。从这一点来看，研究国家在经济发展中的作用，具有重要的理论意义。

（二）实践意义

本书为中国特色社会主义政治经济学理论体系构建和话语体系构建提供一定的理论支持。其应用前景主要是为相关部门和学术机构在解释中国特色社会主义市场经济发展的经验和理论方面提供智力支持。其实践意义主要是总结美国、英国、日本、德国等国家在经济发展过程中，国家在经济增长、收入分配、统一市场构建、对外贸易和世界市场，以及消费中发挥作用的经验，为中国经济发展中处理好市场与政府的辩证关系，发挥好两者的作用具有重要的实践指导意义。

第二节　研究的目的和方法

一　研究目的

如何认识和解释中华人民共和国成立70年，尤其是改革开放40多年来经济发展方面取得的巨大成就？理论界给出了不同的解读，如中西方学者对中国道路和中国模式的解读就是从不同角度给出了阐释。这些阐释有一定的道理，但是大多是借用和套用西方理论来解释中国现象，导致在解释深度上有所欠缺，或者是丧失了理论话语权。习近平总书记提出"要坚持中国特色社会主义政治经济学的重大原则",是对中国特色社会主义政治经济学理论体系和话语体系构建提供了总的指导原则。结合中国经济发展的实践经验,国家在经济发展中起到了非常大的作用。如何从国家视角来构建一个宏大理论来解释一个国家的经济发展,是一次理论上的尝试。如果能够成功解释国家在经济发展中的作用机制和影响,有利于为中国特色社会主义政治经济学理论体系构建添砖加瓦。

二 研究方法

随着经济学研究对象和范围的日益复杂化,以及受到其他学科研究范式的影响,经济学的研究方法也越来越多样化。但是,具体研究要依据研究者的目的来选取可行的和合适的研究方法。本书的研究方法主要有以下几种。

第一,"归纳分析法",即从个别前提得出一般性结论的研究方法。笔者利用归纳分析方法,以中国为主要对象,考虑国家在经济增长、收入分配、国内统一市场构建、对外贸易和世界市场、生产性消费和生活性消费的作用,进而归纳出国家在经济发展中作用的理论分析框架等。

第二,"历史分析法",即使用"发展"和"变化"的立场和观点来分析社会现象和客观事物的方法。客观事物和社会现象是发展和变化的,将它们发展的不同阶段进行对比分析,才能弄清楚事物的发展规律和趋势,才能找到问题的根源。经济学的分析中引入历史分析方法,将会使得其分析更加厚重。为此,本书利用"历史分析方法"回顾经济史和经济思想史中国家在经济发展中的作用变化和理论的嬗变。

第三,"对比分析法",即通过横向和纵向的比较来揭示事物本质的方法。对同一问题从不同视角进行对比可以得出更加清晰的结论。

利用"对比分析法"比较不同国家在经济发展中的作用机制和最终影响，进而提出相应的理论阐释。

第四，"规范分析和案例分析相结合的方法"。规范分析是基于某一标准而建立的分析体系，而案例实证分析则是检验假设是否与实现相符合的一种研究方法。国家在经济发展中作用的研究，既要构建理论假说，也要进行实证分析，使得理论分析和实证检验能够相得益彰。

第三节 核心概念

一 国家

国家的概念有广义和狭义之分。从广义上讲，国家和政府是两个不同的范畴，政府仅是国家最重要的组成部分，但不是国家的全部，国家不仅包括政府，还包括政党制度、司法和法律制度、意识形态、军队保护等，且国家的权力要远远大于政府权力，国家功能也要远远大于政府的职能。从狭义上讲，现代经济学讲的国家干预主要是指政府干预，所以狭义的国家可以理解为一般意义上的政府。

二 经济发展

经济发展主要是指一国在国民经济总体规模扩大的基础上，经济和社会生活的质量均有所提高。狭义的经济发展主要是指经济增长、结构优化和质量提升。广义的经济发展，不仅包括经济增长，还包括产业结构、收入分配、城乡结构、区域结构、消费结构、居民生活和环境保护等各个方面。经济发展的实现应该是贯穿于生产、交换、分配和消费四个重要环节的。本书主要关注经济增长、收入分配、国内市场与国际市场和消费等几个方面。

第四节 研究的主要内容和逻辑结构

一 主要内容

本书主要研究国家在经济发展中的作用,围绕"生产—分配—交换—消费"四个环节,研究国家在经济发展中的作用。具体来说包括以下内容。

第一,国家在经济增长中的作用。本书主要总结国家在经济增长中的作用,并比较国内外的发展模式,归纳出有利于进一步促进中国经济健康和可持续发展的经验结论。

第二,国家在收入分配的作用。在共同富裕中,如何发挥国家的作用?本书通过比较分析国内外不同国家在经济发展过程中如何充分发挥国家的作用来实现共同富裕的经验和教训,提出国家在收入分配的作用,重点是收入再分配中的作用,并结合中国在实现共同富裕中的路径选择,给出相关的政策建议。

第三,国家在统一市场构建中的作用。商品经济是交换经济,交换经济需要更广泛的市场。随着分工和交换的不断扩张,市场规模也会不断扩张。但历史经验表明,不同地区的市场往往是分割的。如何发挥国家的作用,形成统一的国内市场,是发展商品经济的必要选择。本研究通过对比分析国内外统一市场构建中国家的作用,提炼出相关的经验和理论。

第四,国家在"对外贸易"和"世界市场"中的作用。国家在"对外贸易"和"世界市场"中发挥了重要作用,尤其是近代资本主义发展的历史表明，国家往往是代表统治阶级实现对外战略和争夺国外市场，占领世界市场的急先锋。因此，本书主要总结"对外贸易"和"世界市场"中国家的作用，并对中国的"一带一路"倡议提供相应的政策建议。

第五，国家在消费中的作用。国家的供给能力的高低决定一个国家生产性消费和生活性消费水平的高低。如何形成高质量的国家供给能力，以保障生产性消费和生活性消费的质量和水平，是本书的关注点之一。

二 逻辑结构

遵循了"文献综述—理论分析—实证案例和经验比较—实例剖析—结论和政策建议"的基本思路，本书的基本框架如图1—1所示。在具体研究内容上，先综述相关的研究，然后从国家角度来考虑国家在经济增长、收入分配、国内统一市场构建、对外贸易和世界市场、

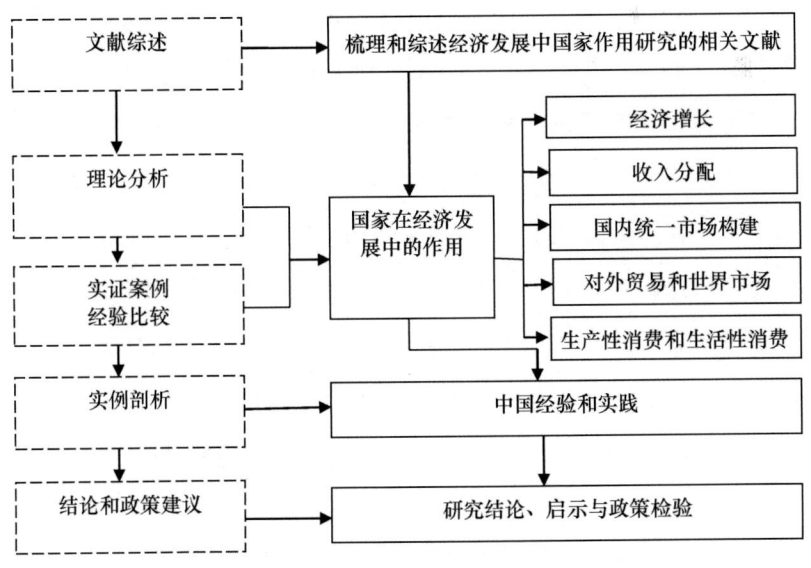

图1—1 基本逻辑路线

国家供给能力对生产性消费和生活性消费影响的作用机制和影响，最后结合中国实例进行分析，并给出了结论和政策建议。

第五节 研究可能的创新点与存在的不足

一 可能的创新之处

第一，应用了新的研究视角。传统理论认为市场机制和政府在经济社会发展过程中发挥了重要作用，忽视了国家在经济发展过程中的作用。国家具有比政府的行政职能更广的职能和含义，国家在经济发展中作用，不仅仅是通过行政职能实现的，还可以通过政党制度、司法体系、意识形态和国外交往关系，统筹利用国内和国外两个市场，国内和国外两类资源来实现。

第二，在研究内容上进行了拓展。一般理论总是在研究政府在经济增长中的作用，很少在内容上进行拓展。本书从国家视角出发，拓展了研究内容，围绕"生产—分配—交换—消费"四个环节，从国家角度来考虑国家在经济增长、收入分配、国内统一市场构建、对外贸易和世界市场、生产性消费和生活性消费中的作用。

第三，在研究方法上进行综合。以往关于政府在经济增长中作用的研究多沿用模型构建到实证检验的思路，具有理论研究的规范性，但是也缺乏了经济史的深度和经济思想史的厚重性。本书从经济史和经济思想史的比较研究中来寻找国家在不同类型经济体经济发展中的作用，由经验上升为理论，通过案例分析进行理论验证。

二 存在的不足

本书存在的不足之处在于，由于研究能力等的限制，在研究过程中多采用了定性分析、历史分析和对比分析，有一定的定量分析，但是采用的计量分析很少。另外，在研究过程中，国家在经济发展过程中的作用应该具有多样性，限于研究资料的限制，对不同国家经验的比较研究和凝练总结不足。

第二章

文献回顾及理论基础

第一节 相关文献回顾

现代经济学自诞生以来,国家的角色和作用一直是学者们争论的焦点。目前主要形成了自由主义和干预主义这两大阵营:一是自由主义者的论调,如英国经验主义的代表人物约翰·洛克在《政府论》中提出政府存在的目的就是为了保护包括生命、自由和财产的个人权利,有了政府对财产权的保护,就可以激励人们创造更多的财富[①]。以亚当·斯密为代表的古典自由主义者提出政府仅发挥"守夜人"角色,以及新自由主义代表人物哈耶克和弗里德曼等提出纯粹自由市场,反对政府干预等;二是以李斯特为代表的德国历史学派主张国家主导工业化和贸易保护主义等,以凯恩斯为代表的以管理有效需求为主要内容的国家干预主义等。这两种典型的观点都与特定历史时期和某个国家所处的发展阶段相关联,其理论观点有一些是对立的,甚至

---

① [英]洛克:《政府论》,瞿菊农、叶启芳译,商务印书馆1982年版。

是不可调和的。但是,这些理论更多的关注了政府在经济发展中的角色和作用,对国家这一内涵和范围更加广泛的主体在经济发展中角色和作用的分析却比较少。

马克思主义者却较多关注了国家问题。马克思主义国家观认为国家是社会分工和私有制的产物,它是阶级社会中特殊的公共权力,发挥阶级统治的职能,需要按照地域来界定其范围,同时也是特殊的暴力机器,其主要职能是为了维护政治统治和管理职能。如恩格斯在《家庭、私有制和国家的起源》认为:"国家是社会在一定发展阶段上的产物;国家是承认这个社会陷入了不可解决的自我矛盾,分裂为不可调和的对立面而又无力摆脱这些对立面。为了使这些对立面,这些经济利益互相冲突的阶级,不致在无谓的斗争中把自己和社会消灭,就需要有一种表面上凌驾于社会之上的力量,这种力量应当缓和冲突,把冲突保持在'秩序'的范围以内,这种从社会中产生但又自居于社会之上并且日益同社会相异化的力量,就是国家。"[①] 列宁在《国家与革命》中也指出:"国家是阶级矛盾不可调和的产物和表现","国家是阶级统治的机关"。[②] 马克思主义国家观中严格区分了国家和政府的范畴,政府仅是国家最重要的组成部分,但不是国家的全部,国家不仅包括政府,还包括政党制度、司法和法律制度、意识形态、军队保护等,且国家的权力要远远大于政府权力,国家功能也要远远大于政府的职能。

国家在经济发展中可以发挥怎样的作用和影响呢?接下来从国家在经济增长、收入分配、国内统一市场构建、对外贸易和世界市场、生产性消费和生活性消费的作用和影响等角度进行评述。

---

① [德] 恩格斯:《家庭、私有制和国家的起源》,人民出版社2015年版。
② [苏联] 列宁:《国家与革命》,人民出版社2015年版。

（一）国家在经济增长或经济发展方面的作用

现代社会中国家在经济增长或经济发展中发挥了重要的作用。有学者通过研究经济危机的历史演进阶段和国家作用的变迁得出启示：国家是作为独立的利益主体进入经济活动的，其适应经济现实变化的所用形式也是随之变化的，且国家对经济干预的普遍性正在逐渐增强[①]。发展型国家理论将东亚经济奇迹的原因归为出口主义积累策略与李斯特主义福利国家[②]。结构主义理论则认为在不平衡的世界中，后发国家并不能通过市场获得各类要素和资源取得工业化的成功，因为关键要素和技术都被控制在发达国家手中。后发国家只有通过采取国家取代市场化或者是国家干预的政策才有利于在竞争中保护幼稚工业，加速资本积累，发展基础设施解决发展瓶颈问题，引导金融资源投向的正确投向和推动技术进步等。但是，过度的国家干预也会带来官僚主义和资源浪费等问题[③]。随着全球化和信息技术的迅猛发展，西方发达国家逐渐进入了以市场为发动机、由国家经济政策掌舵的"混合经济"时代[④]。混合经济时代需要重新认识国家在经济发展中的作用，或者需要重新划分国家、市场和社会的职能。正如美国学者弗朗西斯·福山在《国家构建——21世纪的治理与世界秩序》一书中提到，发展中国家在发展经济过程中所遭遇的困境更深刻阐明了国家体制构建的重要性[⑤]。

现阶段，中国社会主要矛盾已经发生转变。习近平总书记多次提

[①] 乔榛：《经济危机的演进与国家作用的变迁》，《学习与探索》2010年第1期。
[②] 何子英：《李斯特主义工作福利国家的兴起、危机与转型——杰索普关于东亚奇迹的政治经济学述评》，《教学与研究》2011年第5期。
[③] 郑皓瑜：《经济发展理论与国家经济角色的转变——以90年代巴西为例浅析结构主义与新结构主义》，《拉丁美洲研究》2006年第6期。
[④] 解建群：《市场经济中国家作用的增强》，《国外理论动态》2003年第1期。
[⑤] 贺东航：《面对中国现代国家构建的思考——兼评福山的〈国家构建——21世纪的治理与世界秩序〉》，《社会主义研究》2007年第5期。

出要转变过去以粗放型经济发展为主的经济发展模式，中国经济要朝着高质量发展方向迈进。政府干预在经济发展模式中则发挥了不可忽视的作用。首先，政府可以通过调整财政支出结构引导生产要素在不同产业之间的合理配置，解决单纯依靠市场调节而带来经济发展的不确定性，从而使得优质生产要素向集约型经济体聚集，有效地调整经济发展模式，促进经济的高质量、可持续发展[1]。其次，为了让市场在经济体系当中发挥更大的作用，政府部门需要充分发挥管理职能的作用，确保经济管理工作的合理性与科学性。只有这样，政府的导向作用才能得到有效的发挥，促进中国经济体制的转型和不断发展[2]。当前中国经济体制还存在较多的问题，需要政府创造一个合理的制度环境来稳定市场，促进资源的合理配置；需要政府完善宏观经济体制，制定和完善各项法规，建立和完善以间接手段为主的宏观经济体系；需要政府提高社会治理和公共服务水平，为经济发展提供充足动力[3]。最后，当前中国处在市场经济体制变动的关键时期，经济发展理念也已转变为"以创新为动力，以协调、绿色、开放为发展的基本着力点，把共享作为发展目标"的新经济发展理念，这是社会发展的必然。在这种经济体制的改革之下，对应的政府的经济管理职能也在发生变化，只有重新调整和确定政府在经济管理职能中的地位才能更好地实现我国经济的增长[4]。新经济发展理念是一个关系中国发展全局的战略发展理念体系，其贯彻落实有赖于政府的保障。政府应转变

---

[1] 丁阳：《政府财政支持支出结构对经济增长的作用分析》，《经济研究导刊》2017年第1期。

[2] 张惠玲：《市场经济条件下政府经济管理职能定位与实现》，《中国国际财经》（中英文）2018年第8期。

[3] 赵声馗、陈钰：《全面深化改革背景下政府经济职能定位探析》，《经济研究导刊》2014年第14期。

[4] 王静：《市场经济条件下政府经济管理职能定位与实现》，《经济与社会发展研究》2014年第9期。

职能着眼点，充分发挥经济职能的服务作用，从战略规划和具体经济政策等方面保障五大发展理念的贯彻落实，助推中国梦的圆满实现[①]。除此之外，国家应该通过建立起一整套致力于维护社会公平正义的分配制度来提供经济增长的后续动力。因为尊重市场经济规律绝不意味着无条件地接受市场机制所带来的一切结果，作为一种平衡与弥补市场经济自发秩序负面后果的保护性社会机制，现代国家公共职能的成长不可能绝缘于其调节经济的职能[②]。

（二）国家在收入分配和共同富裕方面的作用

共同富裕是社会主义的本质特征，是新时代人民对于美好生活向往的价值遵循，而收入差距问题则是实现共同富裕进程中人民群众切实关心的问题，国家则在实现共同富裕，缩小收入差距方面发挥了重要的作用。从内在逻辑讲，通过市场经济是能够实现全体社会成员共同富裕这一目标的，但从实践结果上看，市场经济却带来了贫富差距的扩大和贫富两极分化。要消除贫富差距，实现共同富裕，必须充分发挥国家的作用[③]。从不同的国家理论来看，不管是柏拉图的理想国、亚里士多德的城邦政体和霍布斯、洛克、卢梭等的社会契约论，还是后来黑格尔的理想共同体，都认为国家能维护社会普遍利益[④]。马克思认为政府具有政治统治和社会管理的双重职能。其中，社会管理职能包括经济、公共服务、文化、生态四个方面的职能。马克思政府职能理论具有价值取向的人民性、内容的双重性等特点，在政府与社会

[①] 吴培、李成勋：《充分发挥政府经济职能是贯彻落实五大发展理念的保障》，《管理学刊》2017年第4期。

[②] 韩冬雪：《理解现代治理体系中的国家职能》，《国家治理》2014年第15期。

[③] 冉清文：《市场经济与共同富裕的悖论——兼论政府在实现共同富裕目标中的作用》，《求实》2002年第1期。

[④] 咸怡帆：《社会主义共同富裕：理论、现实及路径探析》，《改革与战略》2018年第1期。

的关系上马克思强调市民社会决定国家,在职能载体上强调政府的廉价性,强调政府要以人民为中心,解决人民关心的问题,建设人民满意的服务型政府①。以罗尔斯和早期的罗纳德·德沃金为代表的自由主义左翼认为国家在履行政治职能如维护社会秩序、制定和实施法律等之外,还应当履行更多的职能,如应当实现分配正义等②。从实践角度来看,根据各国的实践经验可以看出,国家可以通过税收、转移支付和社会保障等制度对收入差距进行调节,进而达到共同富裕的目的。如在法国,国家在社会保障制度方面发挥了重要作用,但是福利制度理念、福利体系结构以及福利提供方式等的变化会影响国家对社会福利的干预程度③。在日本,国家则从20世纪60年代便开始注重地区间的均衡发展,加强对落后地区的援助,采取了一系列的政策措施,如通过中央政府拨款、补助金的形式照顾和补贴地方财政;限制在东京圈和大阪圈制造业活动的扩大,引导其向地方扩散;通过维持大米等农产品的价格水平及实施辅助金制度,保护农业及其他相关产业,进而缩小日本国内地区差距④。发达国家的历史经验告诉我们:实现共同富裕的过程中不能完全依靠自发的市场力量,国家在缩小贫富差距的进程中发挥了重要的作用。在当今社会,不仅要通过国家的专政职能来保障改革发展的成果,更要通过强化国家的公共管理服务职能来维护整个社会的普遍利益。

近年来,中国在努力缩小地区差距的同时,国内收入分配不公问题也日益显著。当前中国的贫富差距问题主要体现为地区差距、城乡

---

① 方浩伟、颜佳华:《马克思政府职能理论与新时代政府职能转变》,《湖湘论坛》2018年第3期。
② 高景柱:《国家职能、国家能力与国家构建》,《湖北社会科学》2011年第3期。
③ 李姿姿:《法国社会保障制度变迁中的国家作用及其启示》,《欧洲研究》2008年第5期。
④ 包海花、郭宝东:《关于缩小地区差距中政府职能的思考》,《内蒙古科技与经济》2003年第10期。

差距、居民财产差距等方面,要实现共同富裕,就需要充分发挥国家的作用。首先是地区差距问题,自中华人民共和国成立以来,国家实施了从均衡发展战略到非均衡发展战略,再到非均衡协调发展战略三次大的宏观区域经济发展战略的转移和调整,对中国经济布局总体框架的构建和国民经济的发展产生了重大而深远的影响①。新时期,国家为实现区域均衡发展制定了新战略,提出继续支持西部大开发、实现中部崛起、全面振兴东北地区等老工业基地,推动长江经济带发展和京津冀协同发展,促进区域经济均衡发展②。其次是城乡差距问题,国家通过统筹城乡发展,改革户籍制度,打破城乡二元结构等措施缩小城乡差距,同时,国家实行土地三权分置,健全农村土地承包经营权流转市场,确保农村居民权益③。最后是居民财产差距问题,国家通过税收等转移支付来调整居民之间的财产分配不均问题。新时期,国家采取了多种手段来缩小居民财产差距。如逐步调整税制结构,提高直接税比重;改革和完善个人所得税,提升其对收入差距调节的功能;改革和完善房地产税,发挥其调节财产差距的功能等④。

（三）国家在对外贸易和世界市场构建中的作用

国家在国际贸易和国际市场构建中也发挥了重要作用。首先,从理论角度来看,新马克思主义的代表人物沃勒斯坦在其世界体系理论中非常强调国家的作用,他认为资本主义国家中,国家通过保障资产阶级的财产权进而促进资本积累,资产阶级通过国家权力形成半垄断

---

① 陈映:《我国宏观区域经济发展战略的历史演变》,《求索》2004年第9期。
② 苟兴朝、杨继瑞:《从"区域均衡"到"区域协同":马克思主义区域经济发展思想的传承与创新》,《西昌学院学报》(社会科学版)2018年第3期。
③ 林秀清:《提高农村居民财产性收入 缩小福建省城乡居民的收入差距》,《福建广播电视大学学报》2014年第1期。
④ 倪红日:《缩小居民可支配收入和财产差距的税收政策选择》,《北方经济》2017年第3期。

第二章 文献回顾及理论基础

地位，同时国家还会通过法律限制等影响市场交易，通过暴力、欺骗、让步以及法律等手段维护国内社会秩序，通过制定市场规则来影响剩余价值的分配和占有[1]。李斯特主义和新李斯特主义都将国家看作是世界经济秩序的基石，并认为生产力发展活动具有特定性和经济政策时空也具有特定性，作为后发展中国家应该选择适合自己的工业化之路和贸易政策。如中国工业化道路具有由国家主导的特征，偏离了工业化的"自然"模式，但是找到了适合自己的工业化之路，且取得了较大的成绩[2]。保罗·斯威齐认为资本的全球化是社会分工和社会生产力发展的产物，也是资本主义生产方式及其生产关系在世界范围内的扩张。生产资本的全球化是资本运动的必然趋势，也必然把世界经济体系内的所有国家紧密地联系在一起。每个国家都在国家间相互作用的关系中发展，在世界经济体系中表现出自己的特殊性，离开别的国家，没有一个国家能够以现在的情况长期的存在下去[3]。国内学者认为20世纪中后期的生产资本全球化，是发达国家的资本在国家支持下，推动后福特制生产组织方式在世界经济体系内的扩张。主要集中在发达资本主义国家的中心资本，控制着分散在世界各地的外围资本。资本的全球化发展在促进资本集中的同时加剧了资本间的竞争，国家的重要性更加凸显。跨国资本与民族资本对国家权力的争夺、跨国资本之间对跨国机构控制权的竞争依然是在国家框架内进行的[4]。

其次，就中国如何发展对外贸易，维护世界关系的实践来看，学

---

[1] 蒋敏：《论沃勒斯坦国家与世界经济体》，《南京社会科学》2003年第10期。
[2] 严鹏：《国家作用与中国的工业化道路：一个新李斯特主义的解读》，《当代经济研究》2015年第12期。
[3] 保罗·斯威齐：《资本主义发展论》，商务印书馆2016年版，第302—303、355页。
[4] 赵敏：《资本全球化趋势下国家的作用会越来越小吗》，《经济学家》2019年第1期。

者们主要集中于研究政府在国际经济分工以及参与构建世界市场中发挥的作用。在经济全球化趋势加强和开放经济条件下，政府的对外经济职能显得日益重要，这种职能已经不是以往简单的外经贸管理，政府更需要主动强化其国际竞争与国际协作的经济职能，以增强国家经济的整体竞争能力，同时获得国际经济协作的相应收益[1]。首先，中国是一个发展中大国，一定要兼顾参与国际经济分工与建设国内统一大市场的要求，真正发挥中国的比较优势，最大限度地取得参与国际分工的利益[2]。其次，参与国际分工的过程中，政府应该适应经济全球化深入发展的新形势和构建开放型经济新体制的要求，大力推动区域金融和财经合作，积极参与国际宏观经济政策协调和国际贸易、投资与金融监管规则制定，适度提供跨国基础设施等国际公共产品，以更好地服务中国经济的长期稳定健康发展[3]。最后，面对对外经济关系中的矛盾和问题，作为国家宏观经济的参与者和管理者，政府有责任、有义务发展国家的对外经济关系，维护公平正义、稳定外贸经营环境，保护本国及发展中国家的合法利益[4]。中国应该积极推进"一带一路"倡议，当前中国处于"一带一路"地区的中等收入之列，中国与"一带一路"沿线国家的贸易投资有助于弥补其巨大的技术差距鸿沟，促进"一带一路"沿线国家的经济收敛。这种经济收敛效应不仅来自中国作为技术传递与外溢的中间国桥梁作用，还来自中国贸易对于低收入国家的直接增长贡献。中国作为最大的发展中国家，积

---

[1] 夏兴园、张世晓：《论政府的国际竞争与国际协作职能》，《湖北大学学报》（哲学社会科学版）2007年第6期。

[2] 黄明宇：《论政府的经济职能》，《经济研究导刊》2012年第22期。

[3] 李文华：《新时期我国政府对外经济职能的扩展及其实现》，《经济研究参考》2014年第20期。

[4] 同上。

第二章　文献回顾及理论基础

极搭建区域协作平台，为实现各国共同繁荣和发展发挥了重要作用①。

（四）国家供给能力对生产性消费和生活性消费的影响

随着经济全球化进程的不断加快，世界各国之间的贸易往来日益频繁。在国家之间进行贸易的时候，各国都是以自己的利益为优先，所以各个国家之间的目标和标准都是不相同的。但是由于不同国家之间的社会制度、民众需求与技术标准等各项差异，必然在贸易往来之中造成一定的摩擦，这种摩擦还会随着两国之间的贸易发展而不断升级②。面对紧张的国际关系和日趋激烈的国际竞争，以及其他国家的贸易保护主义政策，使得一个国家在面对诸多外部挑战时需要积极有为，如发展教育、鼓励创新，制定产业政策和营造良好的营商环境等③；现阶段的经济全球化在很大程度上表现为全球经济的市场化，这在一定程度上反映了经济全球化的本性，即市场经济的自发扩张性。市场力量伴随着市场范围的扩大而增大，迅猛膨胀的市场力量不断冲击着传统的国家职能④。面对全球化的挑战，现代国家也需要淡化一些传统职能，强化一些新职能⑤。有学者总结市场社会主义体制中的国家角色、行为与治理模式，提出了完美的国家、异化的国家与有效的国家的分类，对于中国这样的转型国家来说，需要根据国家、市场和社会相互协调相互适应的过程中逐渐构建有效的国家治理

---

① 刘芝妤、姚利民、岑丽君：《"一带一路"国家贸易的经济收敛效应及中国影响的研究》，《科技与经济》2019年第2期。

② 王晓姗：《中美贸易摩擦发生的原因及对双方的影响》，《经济研究参考》2014年第24期。

③ 李滨：《论经济全球化中国家的被动防护作用与积极作用》，《教学与研究》2005年第5期。

④ 雷达：《经济全球化和国家职能——如何应对经济全球化》，《世界经济与政治》2002年第7期。

⑤ 丁志刚：《全球化与国家角色》，《世界经济与政治》2002年第2期。

模式①。

对于中国来说,在全球经济竞争的新平台上,需要将各国利益与本民族经济利益有机结合,进一步推动中国经济的迅速崛起②。首先,从全球视角来看,自2008年全球金融危机以后,全球性公共产品供需出现巨大缺口及"私物化"倾向日益严重,阻碍了全球经济的发展③。同时,部分发达国家通过对经济进行直接干预,实行将一部分进口需求转换成"内需"的贸易保护政策或对他国实行贸易壁垒,增加对本国产品的需求,从而构成国民生产总值增长的基础,于是,贸易摩擦应运而生④。面对国际公共产品的供需缺口和国际社会的共同期待,中国从自身国家利益与实际能力出发,积极参与国际公共产品供给,共同应对全球挑战,在维护世界和平与发展、促进区域互信与合作方面,充分展现了负责任大国的担当。特别是中国参与联合国维和行动、倡导和推进上海合作组织建设堪称有效参与全球公共产品和区域公共产品供给的重要示范⑤。面对国际市场频发的贸易摩擦和巨大的供需缺口,中国正以实际行动打造人类命运共同体,通过实施市场多元化和"一带一路"互联互通,参与构建国际经济新秩序和全球经济新规则⑥。向世界提供越来越多的优质公共产品。其次,从国内来看,政府在为国内市场提供有效供给方面也发挥了重要的作用。面

---

① 张慧君:《完美的国家、异化的国家与有效的国家——论市场社会主义的国家理论模型》,《当代经济研究》2011年第2期。
② 张杰:《全球经济调整与中国的选择:一个历史演进视角》,《经济理论与经济管理》2008年第12期。
③ 蔡昉:《金德尔伯格陷阱还是伊斯特利悲剧?——全球公共品及其提供方式和中国方案》,《世界经济与政治》2017年第10期。
④ 张二震、戴翔:《全球贸易保护主义新趋势》,《人民论坛》2017年第5期。
⑤ 吴志成、李金潼:《国际公共产品供给的中国视角与实践》,《政治学研究》2014年第5期。
⑥ 庞珣:《国际公共产品中集体行动困境的克服》,《世界经济与政治》2012年第7期。

第二章 文献回顾及理论基础

对当前国内经济结构失衡的问题，国家积极推进供给侧结构性改革，以土地制度改革、人才与创新、公共产品投融资、金融结构改革、产业结构改革五个方面为重点来"调结构""补短板"[1]。以"创新驱动转型发展战略"为供给侧动能转换的核心要务来提高国家的创新能力。同时以国家自力能力的建设为逻辑起点，通过构建良好的"市场—政府"互动机制，使市场在资源配置中起决定性作用和更好地发挥政府作用[2]。中国政府进行的一系列调适性变革，集中体现了从发展型政府到服务型政府的转型。从范式上来看，当前的政治调适是一种"社会有需求，国家有回应"的国家与社会互动框架；从过程上来看，当前政治调适所蕴含的国家与社会互动过程表现为：以社会公正为主的社会需求、以社会抗争为主的政治互动、以服务型政府为主的国家供给、以非选举问责为主的政治发展；从效果上来看，当前中国的国家与社会互动模式兼具"有效性"与"有限性"，需要通过持续推动民主政治建设来完善国家与社会的互动模式[3]。

第二节 理论基础

一 国家理论

马克思在批判了黑格尔的国家决定家庭和市民社会等理论后，提

---

[1] 中国国际经济交流中心课题组、綦鲁明：《推进供给侧结构性改革："补短板"是重中之重（总报告）》，《经济研究参考》2017年第26期。

[2] 汪洪涛：《国家自力能力是供给侧动能转换的基础性要件》，《邓小平研究》2016年第6期。

[3] 闫帅：《政治调适背景下的中国国家与社会关系再诠释》，《当代世界与社会主义》2015年第5期。

出了市民社会决定国家的思想①。对于国家的本质，马克思指出国家是阶级统治的主要政治形式，并支持当时的资产阶级国家"不外是资产者为了在国内外互相保障各自的财产和利益所必然要采取的一种组织形式"②。马克思和恩格斯在《共产党宣言》中进一步阐释了国家的本质，即"现代国家政权不过是管理整个资产阶级的共同事务的委员会罢了"③。恩格斯在《家庭、私有制和国家的起源》中进一步指出，"国家是社会在一定发展阶段上的产物；国家是表示：整个社会陷入了不可解决的自我矛盾，分裂为不可调和的对立而又无力摆脱这些对立面"，并认为现代国家作为资本剥削雇佣劳动的工具，会"随着阶级的消失，国家也不可避免地要消失"④。列宁直接把国家定义为"国家是剥削被压迫阶级的工具"⑤。列宁领导和建立的第一个真正意义上的社会主义国家就是按照马克思、恩格斯和列宁的国家理论为指导建立的。斯大林体制也是如此。后来，西方马克思主义对国家的理解发生了变化，其理论基础不再局限于国家是阶级统治的工具这一点。如普兰查斯的《路易·波拿马的雾月十八日》和格兰西的《狱中札记》中就讨论了领导权、意识形态、国家的具体形式和国家之间的关系等，并强调以资本积累为基础分析国家问题⑥。进入新时代，马克思主义的国家理论开始了新探索，不仅考虑阶级和国家等问题，还考虑了新时期的帝国主义问题、以国家为基础的资本的全球流动，

---

① 郁建兴：《论全球化时代的马克思主义国家理论》，《中国社会科学》2007 年第 2 期。
② 马克思、恩格斯：《德意志意识形态》，《马克思恩格斯选集》（第 1 卷），人民出版社 1995 年版，第 132 页。
③ 马克思、恩格斯：《共产党宣言》，《马克思恩格斯选集》（第 1 卷），人民出版社 1995 年版，第 274 页。
④ 恩格斯：《家庭、私有制和国家的起源》，人民出版社 1999 年版，第 176—180 页。
⑤ 列宁：《国家与革命》，人民出版社 2001 年版，第 10 页。
⑥ 郁建兴：《论全球化时代的马克思主义国家理论》，《中国社会科学》2007 年第 2 期。

以及跨国资本的统治等问题[1]。

西方学者对国家理论的理解,是与马克思主义学者的认识是不一样的。洛克作为启蒙时代的思想家,他在《政府论》中提到了国家,重点论述了国家的权力——立法权、行政权和对外权,这三种权力彼此制衡,其中立法权应该是赋予一个国家的最高权力机关[2]。孟德斯鸠在《论法的精神》中进一步强调国家在决定法律精神和内容方面是非常重要的,并提出立法权、行政权和司法权的"新三权分制"[3]。洛克和孟德斯鸠的国家和权力观点对后来古典经济学家的影响比较大。亚当·斯密等均主张自由主义,反对国家干预,认为国家的职能仅仅限制在"三权"范围内。当然,比亚当·斯密稍微晚一点的,德国历史学派代表人物李斯特却极力主张国家干预经济,他认为后发国家通过贸易保护主义可以取得工业化和对外贸易的成功[4]。之后,古典自由主义的"小政府"和"大市场"理论一直居于主流地位。1929—1933年大萧条发生后,英国经济学家凯恩斯提出国家干预是解决有效需求不足的重要手段[5]。第二次世界大战以后一段时间内,古典自由主义学者主张的"大市场,小政府"的价值理念暂时被搁置。

新古典经济中,国家问题一直被排除在分析的视角中。一方面,资产阶级政权已经建立,分析的对象发生了变化;另一方面,国家理论有很多难点。新古典经济理论中,基本没有考虑国家问题。一直到新制度经济学家道格拉斯·诺斯出现,他在《西方世界的兴起》这本书分析了国家,并认为国家在经济发展中具有重要地位。诺斯在《西

---

[1] Mark Laffey, Kathryn Dean, "A Flexible Marxism for Flexible Times: Globalization and Historical Materialism", In Mark Rupert and Hazel Smith (eds.), *Historical Materialism and Globalization*, Routledge, 2002, p. 90.
[2] 洛克:《政府论》,瞿菊农、叶启芳译,商务印书馆1982年版。
[3] 孟德斯鸠:《论法的精神》,许明龙译,商务印书馆2012年版。
[4] 李斯特:《政治经济学的国民体系》,邱伟立译,华夏出版社2013年版。
[5] 凯恩斯:《就业、利息与货币通论》,商务印书馆2014年版。

方世界的兴起》中指出:"有效率的经济组织是增长的关键因素,西方世界兴起的原因就在于发展一种有效率的经济组织。有效率的组织需要建立制度化的设施,并确立财产所有权,把个人的经济努力不断引向一种社会性的活动,使个人的收益率不断地接近社会收益率。"[①]诺斯所说的组织和制度主要是宏观的制度,包括国家体制、法律、文化、习俗和具体的制度等。国家在政治体制、法律、文化、习俗和具体的制度的作用,尤其是在界定和保护产权方面的巨大作用,可以有效激励企业和居民等市场主体去创造更多的物质财富和精神财富。当然,诺斯也指出,国家也可能会通过收取"租金"的形式破坏经济增长。这就是所谓的"诺斯悖论"。

国家理论还涉及国家主体性和利益性问题。政治经济学的国家主体性主要是指国家立场[②]。无论是亚当·斯密时代的古典经济学,还是马克思主义经济学和现代经济学,都预设了国家主体性的问题。只是不同的理论维护的国家立场不一样,其国家主体性也有差别。不同时期,人们对国家利益的认识不同,国家利益所包含的内涵也不一样。一般地讲,国家利益是指民族国家追求的主要好处、权利或受益点,反映这个国家全体国民及各种利益集团的需求与兴趣[③]。它涉及一个国家在特定时点上一系列需求的集合,包括安全需求、经济需求、社会需求、文化需求和政治需求,以及发展需求、主权需求和责任需求等。国家的利益性就是指主权国家对内和对外都要采取各种措施维护其基本利益和核心利益。

[①] 诺斯、托马斯:《西方世界的兴起》,厉以宁、蔡磊译,华夏出版社2009年版,第1—10页。

[②] 周文、包炜杰:《中国特色社会主义政治经济学的国家主体性问题》,《学习与探索》2018年第9期。

[③] 王逸舟:《国家利益再思考》,《中国社会科学》2002年第2期。

二 经济发展理论

经济发展是指一国在国民经济总体规模扩大的基础上，经济和社会生活的质量均有所提高。狭义的经济发展一般包括经济增长、经济结构优化和经济质量提高三个方面。这三者之间的关系就是通过经济结构优化和经济质量提高，进一步促进经济增长。广义的经济发展，不仅包括经济增长，还包括产业结构、收入分配、城乡结构、区域结构、消费结构、居民生活和环境保护等各个方面。经济发展，一般用物质生活质量指数、人类发展指数、和购买力平价等综合性指标来衡量。

经济发展中最重要的部分是经济增长。经济增长一般是指在一定时期内，一个国家或地区人均产出水平的持续增加。影响经济增长的直接原因包括要素的投入和生产率的提高[1]。要素投入主要包括资本和劳动的投入，劳动生产率的提高主要通过规模经济、技术进步和人力资本质量提高等实现。另外，影响经济增长的基本原因主要是影响一国资本投入和知识生产能力的一些变化，如人口因素、金融发展程度、宏观经济环境、贸易制度、政府规模、收入分配，以及国内和国际政治等因素。

第三节 理论分析框架

本书以国家主体性和利益性来考虑国家在经济发展中的作用，具体来说，围绕"生产—分配—交换—消费"四个环节，研究国家在经

---

[1] Edward Denison, *Trends in American Economic Growth*, *1929—1982*, Washington, D. C.: The Brookings Insititution, 1985.

济发展中的作用。具体包括国家在经济增长中的作用、国家在收入分配和再分配中的作用、市场构建中的国家作用、"对外贸易"和"世界市场"中国家的作用,以及国家在消费中的作用等。

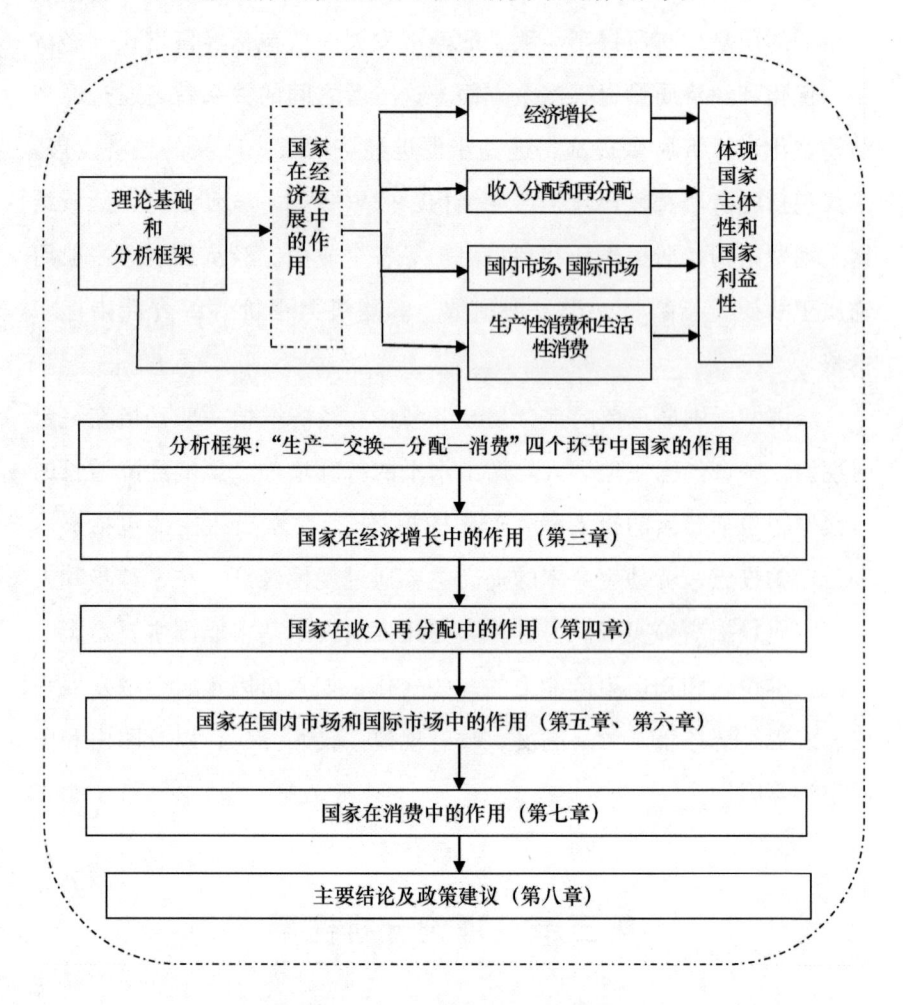

图 2—1 理论基础和分析框架

第四节　本章小结

本章主要回顾了国家在经济发展中作用的研究文献，重点从国家在经济增长、收入分配和共同富裕、国内统一市场构建、对外贸易和世界市场、生产性消费和生活性消费中的作用和影响几个角度进行评述。在理论基础的阐释中，主要阐释了国家理论和经济发展理论。在理论分析框架中，本书提出以国家主体性和利益性来考虑国家在经济发展中的作用，围绕"生产—分配—交换—消费"四个环节，研究国家在经济发展中的作用。

第三章

国家在经济增长中的作用

现代社会的经济增长中,国家居于怎样的地位?国家仅仅是发挥守夜人的角色吗?可能这需要根据各个国家发展的阶段,从大历史的角度来看待国家在经济增长中的作用。

第一节 不同学派对国家在经济增长中作用的认识

国家在经济增长中的作用是什么?古典经济学家,如亚当·斯密等一直主张"小政府,大市场"的自由市场经济模式,认为政府或国家仅仅发挥"守夜人"的角色即可。在这样的市场经济价值理念指引下,古典经济学家很多是反对国家干预的,认为管得越少的国家是越好的。在亚当·斯密时代,古典经济学家反对国家干预是有一定的历史原因和现实背景的。1581年尼德兰联省共和国的建立,1688年英国光荣革命的胜利,以及1789年法国大革命的爆发,宣告了新兴资产阶级政权在欧洲主要大国的建立。但是,年轻的新兴资产阶级政权还不稳固,从欧洲和北美洲来看,一些国家仍然处于封建社会,甚至是半奴隶社会（如当时的美国），传统的封建主、大领主、庄园主等封建旧势力是很强大的。英国和法国等建立新兴资产阶级政权的国家中，新兴工商业阶级要稳定政权、利用资本主义的生产方式发展经济，需要摆脱传统旧势力的束缚，尤其是封建制国家的干预和限制。在这样的大历史背景下，亚当·斯密等古典经济学家反对国家干预，实际上反对的是封建旧势力的干预，目的是给新兴工商业资本家的发展创造宽松的经济发展环境，保护他们的政治利益和经济利益。

在古典经济学时代，即使是反对国家干预，但是为了激励和发展资本主义经济，国家在以下几个方面做出了重要贡献；一是新兴资产阶级国家在产权保护方面的作用。为了保护新兴资产阶级的财富，产权保护的重要性越来越突出。所以后来洛克等提出的产权神圣不可侵犯，以及演进出了"风可进，雨可进，国王不能进"的产权故事，来宣扬产权的重要性。这里的产权，既包括人的权利，也包括物的权利。界定和保护人的权利和物的权利，成为新兴资产阶级国家重要的职能，也是激励人们创造财富，促进经济增长的基础性制度安排；二是通过国家权力，完成了资本主义原始积累所需要的主要生产资料和劳动力。要发展资本主义生产，需要土地等主要的生产资料来建立工厂。以英国为代表的"圈地运动"，一方面，使得传统的公地和农民所拥有的土地等逐渐被工商业资产阶级所占有；另一方面，"圈地运动"使得大量的农民进城变成了工人，机器大工业与小作坊之间的竞争，使得小作坊主破产也沦为了产业工人。在新兴资产阶级国家内部，通过国家法律等支持了他们对土地等生产资料和劳动力的需要；三是，通过国家的对外政策，支持了新兴工商业资本家的原始积累。尤其是通过殖民地侵略和贸易，帮助新兴资产阶级完成了资本的原始积累。正如马克思讲道，"资本主义的原始积累都是带血的"。在对外的原始积累中，国家通过提供资金、技术和军事干预等，为新兴资产阶级的海外殖民地和贸易提供了坚实的保障。

亚当·斯密等古典经济学家主张的"小政府、大市场"的自由主义经济主张，在欧洲、北美洲等地区得到了很好的实践。后来，以马歇尔为代表的新古典经济学家尊崇了亚当·斯密等古典经济学家的核心价值观，坚持自由市场，反对国家干预。他们认为，以价格机制、竞争机制和供求机制为核心的自由市场能够实现市场的自动均衡，国家干预是多余的。

1929—1933年大萧条以后，主张自由市场和反对国家干预的主流经济学意识形态受到了挑战。大萧条期间，面对企业倒闭和投资大幅度下降，工人失业和收入下降，以及银行倒闭，对外贸易萎缩等，传统的自由主义的政策并不起作用。英国经济学家凯恩斯指出，大萧条发生的主要原因是投资、消费和出口等有效需求不足，要恢复经济增长，需要发挥国家干预的作用。凯恩斯在《就业、利息与货币通论》中认为，在边际消费倾向递减、资本边际效率递减和流动性偏好三大规律的作用下，导致消费需求不足和投资需求不足，进而带来了总需求小于总供给，最后会带来生产过剩和失业，这是通过自有市场本身是无法恢复的[①]。此时，通过国家干预，如政府主动扩大财政支出，包括公共消费和公共投资，如发放失业救济和兴办公共工程等，可以改善有效需求不足的问题，减少失业，稳定经济增长。

大萧条后期，美国罗斯福总统采用了凯恩斯的国家干预政策，逐步解决了有效需求不足的问题，稳定了美国的经济增长。又由于第二次世界大战的原因，对物资和劳动力的需求，进一步刺激了有效需求。第二次世界大战期间，美国的经济增速还是保持了较高的水平。第二次世界大战以后，主要资本主义国家在恢复重建时期，基本采用

---

① [英]凯恩斯：《就业、利息与货币通论》，商务印书馆2014年版。

了凯恩斯主义的国家干预政策。此时的国家干预政策，不仅涉及扩大财政支出，还涉及利用法律调节资产阶级和工人阶级的矛盾，提高工人的最低工资，实现了消费与生产的同步增长。

20世纪70年代初，随着石油危机的爆发，以及长期实施扩张性财政政策带来了赤字过高等问题，主要发达资本主义国家陷入了经济滞胀。凯恩斯主义的国家干预政策受到了新自由主义经济学家的抨击。尤其是以哈耶克和弗里德曼等代表的新自由主义者认为经济滞胀的根本原因之一就是过度的国家干预。他们主张彻底的自由化、私有化、市场化和全球化，坚决反对凯恩斯主义式的国家干预。在实践中出现了美国里根总统和英国撒切尔夫人推行的私有化，后期又提出了用华盛顿共识来改革拉美等发展中国家，在俄罗斯推行"休克疗法"。在新自由主义的政策主张中，国家的作用最小化，主要表现为两个方面：一是对于发展中国家而言，小政府是好的，市场应该发挥更大的作用；二是对于发达国家而言，在本国内凯恩斯主义式的国家干预之手应该收回去，仅仅充当守夜人角色。但是，实现情况表明，发展中国家实行新自由主义经济政策后，其国内关系国计民生的关键性行业被发达国家的跨国公司所控制，经济失去了独立性，同时产业被锁定在了低端或者主要通过出口原材料和初级产品为主，失去了经济增长的可持续性。对于发达国家而言，政府干预退却后，给大的产业资本和金融资本获得超额经济利润的好机会，带来的结果一方面是以金融和房地产为主的虚拟经济部门快速发展，出现了经济虚拟化，积累了很多系统性风险；另一方面是工人阶级等普通劳动者的实际工资停滞，通过信贷扩展刺激经济增长的政策也聚集了很多金融风险。

2008年金融危机爆发以后，新自由主义的经济政策受到了抨击，尤其是放松金融业监管等政策带来的系统性风险给全球主要国家带来了较大的损害。2008年金融危机以后，美国等国家又重启了凯恩斯主义的国家干预政策，如美国政府出面接管"房地美"和"房利美"，美国财政部出资救助 AIG 和通用企业集团等，以及启动"不良资产救助计划"等，发挥了国家对经济的干预作用。同时，为了恢复就业增长，美国政府还提出了"制造业复兴战略"等再工业化战略，加大对基础设施的投资力度等。英国、德国和法国等欧洲主要的发达资本主义国家也相继采用各种政策加强了国家对经济的干预。近年来，美国特朗普政府提出的"国际税收竞争政策"、对外贸易战略、对国外的技术打压、军事打压和经济制裁等，无不显示美国为主的主要资本主义国家，在对内实行一定的国家干预外，为了本国的国家利益和跨国公司利益，加大了对外干预的力度。

从以上的分析可以看出，国家在经济增长中的作用，是随着各个国家发展阶段的不同，以及国家利益的不同而发生调整的。亚当·斯密等维护的新兴资产阶级的利益，反对的是封建旧势力和旧国家的干预。马歇尔也是为了维护和稳定其所代表的阶级利益，从而也是反对国家干预的。凯恩斯对变化的发展情况进行了分析，目的也是为了化解资本主义的经济危机，调整资本主义的矛盾，指出国家干预是重要的途径和手段。弗里德曼等新自由主义的代表从金融大资本和跨国公司的利益出发，要求实行彻底的自由化、私有化、市场化和国际化，目的也是帮助陷入经济滞胀的国家走出困境，维护特定阶级的利益。2008 年金融危机以后，国家干预主义又回来了，主要发达资本主义国家重拾国家干预主义政策，即使为了调和国内矛盾，也是在国际上为跨国公司和本国争取更多的利益。不同发展阶段和背景下，国家在经济增长中发挥不同作用，并不否定市场的作用。只是，此时的国家和市场的作用范围和边界在重新调整，目的也是适应发展环境的变化，继续维护国家利益和阶级利益等。

第二节　国家在经济增长中的具体作用

近代以来,国家在经济增长中的作用越来越重要,但是国家的角色到底如何发挥,不同的学派和理论对此的解释也不一样。导致一国经济增长的直接因素是资本、劳动和资源等要素的投入,以及科技进步带来的劳动生产率的提高等。但是,影响一国经济增长的原因却是多方面的,其中国家的作用非常重要。国家的功能和作用的发挥可以很好地影响一国的经济增长。正如道格拉斯·诺斯在《西方世界的兴起》中指出国家的作用是现代经济增长不可或缺的[1]。

现代国家在经济增长中到底发挥怎样的作用,本书认为主要是提供了一国经济增长的必要条件,涉及以下几个方面。

一　保障政权巩固和社会稳定

现代社会中,政权稳定和社会稳定是实现经济可持续增长的必要条件。从历史和现实看,对于一个国家而言,战争和冲突带来的是房屋、设备等的毁灭,以及人的大量死亡,这会破坏经济增长所需要的资本存量,减少人口供给,降低企业的投资预期和居民的消费预期,是不能实现经济可持续增长的。以阿富汗战争和伊拉克战争等为例,破坏了基础设施,没有稳定的社会秩序,造成了大量平民伤亡,没有稳定的安定预期。这必然会带来贫困。

除了战争以外,政权的巩固也是非常重要的。由于外部侵略或内部暴乱等引起的政权更迭和社会动荡,也会将一个繁荣的国家变为贫

---

[1] 诺斯、托马斯:《西方世界的兴起》,厉以宁、蔡磊译,华夏出版社2009年版,第1—10页。

穷的国家，或者中断一个国家的现代化发展进程。鸦片战争后，旧中国逐渐沦为半殖民地半封建社会，使旧中国的发展进程陷入了衰退。所以，从实现经济的可持续增长的角度讲，建立强大的国防军，维护国家主权和领土完整是一个国家实现安全增长和可持续增长的必要保证。

国家如何很好地调节社会矛盾，处理好阶级利益和社会主要矛盾是非常重要的。由于发展模式、道路和政策不同，一国在发展过程中会积累很多社会矛盾。欧洲和美国等发达国家等通过几百年的探索，形成了适合其自身特点的民主制度，可以部分有效缓和或解决阶级矛盾和各类社会矛盾。但是，西方国家的这种解决社会矛盾的民主制度也正在失效，社会的聚合力正在被分裂，以美国的联邦政府停摆和法国的黄背心运动最为典型。同时，西方的民主制度复制到南美洲和非洲等国家，出现了"水土不服"的问题，一些国家陷入了党派斗争和街头政治的混乱局面。政局混乱和社会不稳定，不仅会破坏生产、交换、分配和消费体系，还会影响人们的稳定预期，带来经济增长的停滞或衰退。所以，一个国家如何建立适应现代社会要求，并且适合自己实际情况的国家和社会治理模式是非常重要的。其中，建立有效的社会治理和经济治理机制，及时化解各类矛盾，维持社会稳定是实现一国经济增长的重要的社会基础。

二　提供现代社会和市场有效运行的基础设施和公共服务

现代社会与传统社会相比，不仅仅表现为生产力的巨大发展，还表现为物质基础设施越来越完善，公共产品和服务越来越丰富。在经济增长理论中，除了资本、劳动、技术和资源等的投入外，国家之间的基础设施的差别是可以部分解释国家之间的经济增长差距的。基础设施，包括交通、道路、桥梁、供水供电、公共工程和公共生活设施等，是一个社会发展的基本物质基础。与古代社会相比，现代社会的基础设施有了巨大的进步，给人们的生活带来了巨大的便利，也提高了人们的生产效率。一般来说，基础设施这些公共产品，或者是准公共产品都是由国家供给的。所以，一个社会的基础设施发展和完善程度，决定了其经济发展的水平高低，而政府对基础设施的供给能力决定了该国的基础设施水平。从发达国家的经验看，基础设施越完善的国家，其经济发展水平越高。尤其是一些国家进行大规模基础设施投资的时期，也是该国经济快速增长的时期。

除了基础设施以外，公共产品和服务的供给水平也会影响一国的经济发展水平。现代经济增长，需要高质量人力资本的投入，高质量的教育和医疗等公共产品或准公共产品和服务都需要国家通过直接投资供给，或者通过国家组织实施。以美国为例，尽管美国是自由市场经济的代表，政府在提供公共产品和服务方面的作用被最小化了，但是美国各级政府在教育、医疗和社会保障等领域还是投入了大量的资本，形成了国家供给、社团供给和私人供给的多样化公共产品和准公共产品的供给体系。另外，国家在科研方面的投入，对一国的技术进步是非常重要的。发达国家的科技研发，一部分是私人企业完成的；另一部分是由公立和私立的研究机构完成的。欧洲的情况是大学和研究机构主要是国家控制，私人的研究机构作为重要的补充，而美国的情况则是大学以私立和公立共同存在，私立研究机构的作用更大一些。但是，美国联邦政府对农业科技、军工技术的投入则通过财政资金支持了大量非公立的研究机构完成特定的任务，达到了技术进步的目的。如互联网技术和大飞机等技术，均是美国联邦政府和国防部支持麻省理工学院和波音公司等完成的基础性研究技术，最后商用化后普及到了人们的日常生活和生产活动中。可见，不同类型的国家会根据自身特点，选择适合自身的方式来供给本国经济社会发展所需要的公共产品和服务。

三 构建保障市场有效运行的制度基础设施

现代国家，要实现经济的可持续增长，需要建立保障市场经济有效运行的制度基础设施。市场经济有效运行的制度基础设施包括以下几个方面。

一是构建所有制与市场经济体制兼容的基本经济制度。所有制涉及公有制、私有制和混合所有制等，如何将不同类型的所有制与市场经济体制有效结合，需要根据不同国家的特点来进行调整。如中东一些王权制国家，建立了与自身宗教、政治、经济、文化制度相融合的基本经济制度，既维持政治和社会稳定，又利用市场经济创造了财富等。发达国家根据自身的特点形成了多种市场经济模式，如美国的自由主义市场经济模式、德国的社会市场经济模式、瑞典的福利社会市场经济模式、日本的国家主导的市场经济模式[①]。对于发展中国家而言，不应该照搬照抄成熟的发达国家的基本经济制度模式，尤其是市场经济模式。从推行华盛顿共识的拉美国家的经验教训来看，简单的复制成熟国家的基本经济制度和市场经济模式，非常容易陷入贫困陷阱或中等收入陷阱。

二是构建市场经济的运行机制。现代市场经济的发展，需要一系列的制度体系给予支持。市场经济运行机制，最核心的是价格机制、竞争机制、信用机制和风险机制，只有建立健全了这四大机制，市场经济才能基本运转起来。除了这四大核心机制以外，现代市场经济的运行还要依靠一系列的市场体系来维持。如需要产品市场，资本、劳动力、技术和资源等各类要素市场，以及中介市场等来实现稀缺资源

---

① 刘凤义、沈文玮：《当代资本主义多样性的政治经济学分析》，《教学与研究》2009年第2期。

的优化配置，提高市场经济的运行效率。

三是界定和保护人权和财产权。在市场经济是伴随着现代资本主义的发展而不断发展和完善的。市场经济是中性的，可以为资本主义服务，也可以为社会主义服务。现代社会与传统的奴隶社会和封建社会，一个重要的进步之处就是界定和保护人权和财产权。在奴隶社会，奴隶都是奴隶主的财产，奴隶的权利是得不到有效保障的。在封建社会，人权主要是封建贵族、大地主、庄园主等可以享受到的。资本主义社会，为了发展经济，维护资产阶级的利益，逐渐发展壮大的新兴资产阶级从解放人权开始的。相对于欧洲中世纪的宗教统治，新兴的资产阶级代表提出了"人生而平等"和"天赋人权"口号，争取人的解放。从人类社会的发展进程来看，这是巨大的进步。人权的真正实现，需要国家以法律强制力给予保障。

与人权相联系的是财产权。要发展资本主义经济，就必须保护新兴资产阶级的财产权。如何界定和保护财产权，尤其是资本主义私有制下的财产权，资本主义国家通过立法和执法，越来越严格地界定和保护财产权。值得注意的是，财产权的界定和保护是个动态的过程，也是不断完善的过程。当然，在资本主义私有制下，生产资料主要归资本家所有，所以财产权的界定和保护功能对资本家更具有重要意义。当然，工人阶级得到的人权和财产权的保护，与黑暗的中世纪相比，已经取得了巨大的进步。

现代市场经济中，界定和保护人权和财产权，已经成为基本的信条。哪个国家能够更好地界定和保护人权和财产权，哪个国家就会在国际经济竞争中处于较为有利的地位。因为，界定和保护人权和财产权，为各位市场主体提供了经济激励和稳定预期。而经济激励和稳定的预期是现代国家实现可持续发展的重要前提。

四是构建支持市场经济有效运行的法律体系。要保障价格机制、竞争机制、信用机制和风险机制，以及各个市场体系有效运行，国家除了要参与设计和构建相关机制外，还需要通过立法和执法来构建市场经济有效运行的法律体系。当市场作为看不见的手发挥着神奇的调节作用时，也产生了私人为了个人利益而给他人或社会带来侵害的问题。要调节由于人们的逐利性行为而带来的冲突时，需要以国家强制力为保障的法律体系调节不同利益主体的行为。制定法律和执行法律是现代国家保障市场经济运行，进而促进经济增长的必要职能。

四 调节阶级之间和利益集团之间的利益

国家在调节阶级矛盾和利益集团之间的利益中也具有重要作用。因为稳定的社会是一国经济可持续增长的前提，所以国家参与调节阶级矛盾和各利益集团之间的矛盾，既是为了阶级统治的需要，也是维护稳定促进经济增长的需要。

现代资本主义社会已经建立起了一系列的制度来维护资产阶级的统治，同时也建立起了协调阶级利益的机制。资产阶级政权建立后，为了防止工人运动发展壮大后推翻资产阶级的政权，资产阶级通过普选制、工会制度、社会福利制度等协调阶级矛盾。尤其是英国的宪章运动、法国的里昂工人运动和德国西里西亚起义对当时的资产阶级政权影响很大。为了缓和阶级矛盾，资产阶级通过改善工作环境、缩短劳动时间和提高工资待遇等逐渐缓和阶级矛盾。资本主义私人所有制下，积累的必然结果是资产阶级和工人阶级的两极分化。为了解决生产和消费脱节的问题，福特制的出现改善了这种困境。通过大规模生产和大规模消费等，使得生产和消费有机衔接，一定程度上解决了生产相对过剩的问题。现代消费信用的发展和海外市场的扩展进一步解决了资本主义生产相对过剩的问题。从积累角度来看，积累问题和价值实现问题的解决，都需要国家发挥制度调节作用。无论是最低工资制、工会制度、福利制度和现代信用制度，都需要国家参与构建或调节。

现代国家中，尤其是资本主义国家中，除了阶级矛盾以外，不同利益集团之间的矛盾也需要国家参与调节。如果一国的不同利益集团之间的利益长期得不到有效调节，就会造成社会结构失衡，最终导致社会的动荡和不稳定。现代发达资本主义国家，通过现代国家治理体系，如民主制、法治、社会监督等建立起了有效的利益协调机制，可以防止大规模社会冲突出现。但是，一些不发达国家，由于社会治理能力体系不健全，社会职能能力弱化，经常会出现大规模的暴力冲突和街头政治，严重影响了社会的稳定性，中断了经济增长的可持续。国家在调节不同利益集团之间的矛盾时具有重要的作用。从历史经验看，强有力的国家体系和高水平的国家职能能力是保障有效调节不同利益集团利益的重要基础，一旦国家体系不健全和国家治理能力弱化，调节机制就不能有效发挥作用，可能会导致激烈的社会冲突，甚至是社会动荡。从近年来中东、北非和南美洲一些国家的经历可以看到，国家在调节不同利益集团利益和创造经济增长需要的稳定环境的重要性。

五 实施有效的宏观经济政策

现代经济增长中，由于总需求和总供给受到冲击会带来经济波动，要实现经济增长的稳定性和可持续性，需要国家通过宏观经济政策来进行干预。狭义的宏观经济政策主要是指财政政策和货币政策，而广义的宏观经济政策则包括财政政策、货币政策、产业政策、收入分配政策等。考虑到国家是一个影响巨大的实体，此处专门讨论广义的宏观经济政策中国家的作用。

在古典自由主义时代，亚当·斯密等主张自由市场经济是有效的，可以通过自调节机制来应对经济周期性波动，反对政府的干预。但是，1929—1933年大萧条发生以后，通过市场经济本身的自调节机制并不能摆脱危机。此时，凯恩斯提出的有效需求不足理论解释了危机发生的原因，并提出通过政府干预来应对危机。至此，基于国家干预主义价值理念上的财政政策诞生了。财政政策通过税收调节和政府支出等政策来应对经济的扩展和收缩带来的不稳定性，以保障经济运行的平稳性。

20世纪70年代初，主要资本主义国家出现了经济滞胀，传统的凯恩斯主义的财政政策并不能解决滞胀问题。以弗里德曼等为代表的货币主义学派指出通货膨胀等经济问题本质上是货币问题。通过货币政策的调节，如利率、存款准备金率、再贴现率等货币政策的调节，进而可以应对经济波动。货币政策的主要操作者是中央银行，而中央银行其实是各国政府或国家的重要组成部分。

产业政策是一个国家为了引导产业发展方向，推动产业结构转型升级，提升产业的国际竞争力，实现经济可持续发展而实施的一系列引导性和指导性计划。产业政策主要是后发国家赖以追赶发达国家的重要手段。日本、韩国和新加坡等在发展过程中成功实施了产业政策，并进入发达国家行列的案例。在产业政策的实施过程中，国家的作用是非常重要的。国家通过制订国民经济发展计划、产业结构调整计划、产业审批和扶持计划等，可以有效地引导资源向重点方向和重点领域配置，增加本国经济发展的竞争性，积极应对经济波动带来的负面影响。从一些国家的发展经验可知，产业政策是否发挥真正效果，关键在于国家制定产业政策时是否考虑到了本国的基本国情、比较优势和竞争优势，以及是否科学制定和实施了产业政策等。

收入分配政策，也是一些国家调节收入分配差距，实现经济可持续增长的重要手段。按照国民经济核算的规则，广义的国民收入主要是在国家、企业和居民部门之间分配，三个部分是否实现了合理的分配格局，将决定国家是否有财力，企业是否有投资意愿和居民家庭部门是否有消费力。在收入分配格局的形成中，国家实施的税收政策、投资政策和工资制度等都会影响三者之间的分配格局。在初次分配中，家庭居民部门内部的分配结果主要依赖于按劳分配和按要素贡献分配的体制机制，这方面国家的作用也是明显的。如国家主导的分配政策是资本偏向型的还是劳动偏向型的，将会决定资本和劳动的报酬份额。在再分配过程中，税收、转移支付和社会保障政策等是非常依赖于国家作用的。以北欧国家为例，为了实现福利性社会制度，降低收入分配差距，国家通过税收、转移支付和社会保障等政策干预了市场经济领域，并取得了较好的效果。当然，要使得国家在收入分配政策中发挥良好的作用，制定科学合理的收入分配政策是必要的，否则，不合理的收入分配政策可能会挫伤市场主体创造财富的积极性，影响经济的可持续增长。

六　对外维护国家和企业等的经济利益

对外交往中，国家的影子会更加明显。就经济领域而言，如果说对内，一些国家主张让市场自主运行，让国家发挥一些补充作用的话，在对外的投资和贸易等政策中，国家作为企业和公民利益的代表者，其制定的对外政策无不体现国家的主体性和利益性。当然，这种国家的主体性和利益性主要目的是为了维护国家整体，以及企业和公民个体的利益。从资本主义原始积累的历史看，为了获得原始资本，荷兰、西班牙、葡萄牙和英国等国家，王室通过委派商队和探险家在非洲、美洲、大洋洲和亚洲等地区进行殖民贸易。甚至后期，国家会派遣军队对一些地区进行武力征服，并建立海外殖民地。这是赤裸裸的依靠国家暴力支持获得经济利益的代表。第二次世界大战以后，随着第三世界民族解放运动爆发，殖民地逐渐被解放了，传统依靠国家暴力建立的殖民体系瓦解了。主要资本主义国家，如何获得全球性的经济利益？对外直接投资和国际贸易是其主要的途径。对外直接投资中，涉及的投资利益保护、投资者人身安全和财产安全，对外贸易中的关税壁垒和非关税壁垒等都涉及国家的作用。一方面，国家可以通过以军事实力、经济实力和政治影响力等作为后盾，与其他国家和地区组织签订协议保障其基本权利；另一方面，国家通过有差别的对外政策来形成有利于经济发展的国际环境。例如，在第二次世界大战之前，按照美国学派的主张，美国建立了完整的贸易保护主义体系，而第二次世界大战之后，美国成为全球的霸主，它开始在全球范围内推行自由贸易和全球化战略。但是，随着2008年金融危机之后，美国的综合实力有所衰减后，保守主义政策频频出现。尤其是美国总统特朗普推行的"美国优先"和保守主义政策，更加凸显了美国国家利益在制定对外政策中的重要作用。

第三节　国家在经济增长中的作用：美国经验及启示

国家在经济增长中的作用，不同性质和处于不同发展阶段的国家，其所发挥的作用是不同的。美国是最大的发达国家，国家在其经济发展中发生了怎样的作用，可以通过分析得到一些启示。

一　美国实践与经验

15—18世纪，美国一直是英国等欧洲主要国家的殖民地。1775年的独立战争和1776年的《独立宣言》标志着美国成为一个独立的国家①。1787年的美国宪法标志着美国成为一个联邦制国家。此后，在很长一段时间内，联邦政府不强大，其发挥的作用也有限。各个独立的州，拥有自己的立法、司法等权力，并自行决定本州的经济社会发展政策。经济的发展，主要依靠各位企业组织和拓荒者等完成。以银行系统为例，当时的美国并没有统一的中央银行，各州自己建立银行，甚至允许私人建立银行，并发行货币。在这样的背景下，国家主要充当了亚当·斯密所说的"守夜人"的角色，对外保障国防安全，对内实行阶级统治，美国一直处于"半奴隶半资本"的社会状况。

1861—1865年，美国爆发了南北战争。南北战争结束后，美国实现了国家的真正统一，逐渐形成了强大的联邦政府。美国独立战争以后，美国对内实行的是自由资本主义发展道路，对外实行的是贸易保护主义政策。在对内政策中，强调自由市场的主导作用，反对国家的干预。但是，这种反对仅仅是反对国家直接干预企业组合和居民家庭的经济活动。实际上，美国联邦政府和州政府，通过基础设施建设逐渐形成了促进经济发展的基础条件，以及通过颁布和实施法律法规等，取消了各州的限制性经济政策，形成了统一的庞大市场，扩充了其经济发展的容量问题。另外，在此过程中，美国政府实施了一系列的产业政策引导和支持关键行业的发展，如军事工业等，通过反垄断法等规范市场竞争秩序等。在对外政策中，继承和遵从美国学派的建议，实施贸易保护主义政策，拒绝参与英国等发达国家构建的世界贸易体系。当时，美国的农产品和工业制成品主要是通过庞大的国内市场解决销售问题，并不是通过对外贸易来解决商品销售的。

19世纪初，美国开始了内向型的工业化之路。经过50多年的努力，美国从一个农业国变成了先进的工业国和城市化国家，1894年，

---

① 1783年，美国独立战争结束时，英国承认13个北美殖民地独立。

美国的 GDP 超越英国成为世界第一大经济体。在此过程中，美国国家对内通过基础设施建设和法律制度构建等形成了支持企业自主发展的物质基础设施和制度基础设施，并逐渐建立了统一和庞大的国内市场，解决了商品的销售问题。第一次世界大战期间，美国为欧洲的战争国提供农产品和工业制品，后期被迫卷入了战争。1929—1933 年，美国等国家陷入了大萧条，传统的自由主义政策并不能解决危机。英国经济学家凯恩斯提出了解决通过一系列政府干预政策来解决有效需求不足问题。至此，"大市场、小政府"的传统模式开始退去，政府干预主义成为当时最为流行的经济学意识形态。尤其是第二次世界大战以后，为了恢复经济社会建设，欧美等主要国家大多采取了凯恩斯主义的政策，通过扩大政府支出，调节各阶级利益，扩大政府监管的力度和加强国家间对国际事务的协调性等，使得第二次世界大战以后保持了稳定增长状况，出现了资本主义增长的"黄金十年"。

20 世纪 70 年代初，随着中东石油危机的爆发，美国等国家出现了经济滞胀。此时，国家干预主义的政策遭到了挑战，以私有化、市场化和全球化为核心的新自由主义政策主张占据了经济学的主流意识形态位置。国家的部分职能被弱化，如逐渐放松和取消了对金融业的监管，鼓励金融业的创新。2008 年金融危机的发生，国家在金融领域监管不到位的问题再次被提上了议事日程。美国出台了《多德—弗兰克法案》，加强了对银行业的监管。同时，为了挽救经济脱实向虚的错误方向，奥巴马政府和特朗普政府都实施了再工业化战略，加大基础设施投资，大力支持制造业发展。从美国再工业化战略中可以看到，美国国家的意志和利益很好地贯穿到了战略实施的全过程。美国政府也通过税收优惠、土地政策，以及财政补贴等方式大力支持制造业从国外回流。对外政策上，美国也改变之前推行贸易自由主义和全球化的做法，开始对日本、中国、欧盟等国家和地区实施了有差别的贸易保护主义政策，并加强了对外国投资的政治审查和技术打压等。

二　主要启示

从美国国家在其经济发展中作用的变迁历程可以看出，在不同的阶段和环境下，随着国家立场和利益的变化，美国就会采取符合自己国家整体利益、企业和公民个体利益的政策。无论美国政府采取自由主义政策，还是国家干预主义政策，都会发现国家的影子。只是，在实施自由主义政策时，国家的身影是处于后台的，主要是提供国防、政治稳定和对外交往，以及提供物质基础设施和制度基础设施，以及提供公共产品和服务等。在实施国家干预主义政策时期，国家除了发挥以上的职能外，国家由幕后走向了台前，通过财政政策、货币政策、产业政策、收入分配政策和对外经济政策等直接或间接干预经济领域的事务。现代社会中，市场自由与国家干预一直都是辩证统一的，需要把握合适的限度。过度的自由主义政策，可能会带来经济社会发展的无序化和危机，过度的政府干预又可能会使得市场经济本身的活力和创造力减弱。因此，利用好自由市场的无形之手和有为政府的有形之手，是实现经济健康可持续发展的关键。

第四节　新中国成立以来所有制变迁与国家在经济增长中的作用

中华人民共和国成立70年，国家在经济社会发展中的作用经历了巨大的变迁，其中所有制的变迁最能体现国家主体性和国家利益的变化。

一 国有经济主导下多种经济成分并存（1949—1952年）

在中华人民共和国成立初期，中国经济基础弱、底子薄、发展极不平衡。当时全国只有10%左右是近代工业经济，而剩下的都是个体农业经济与手工业经济。毛泽东同志在1948年9月中央政治局会议上指出由于我国当前经济发展落后，虽然我们取得了新民主主义革命的胜利，但是也不能直接实行社会主义，必须努力发展国家经济，由发展新民主主义经济过渡到社会主义。同时1949年党的七届二中全会中规定，新中国成立之后，国家实行"公私兼顾、劳资两利、城乡互助、内外交流"的基本政策。首先，优先发展国营经济；同时积极鼓励和扶持公私合营经济和合作经济；然后，利用和限制私人资本主义经济；最后，对于个体经济而言，通过互助合作这种方式，积极而慎重地引导其发展。形成五种经济成分在国营经济领导下"分工合作，各得其所"的局面。[①] 在此阶段，国家的基本立场和利益主要是维护新生政权，并保证经济社会的基本运行，所以会形成国有经济主导下多种经济成分并存的发展格局。

二 单一公有制从形成到强化（1953—1978年）

在这段时期进行了以消灭私有制为主要内容的社会主义改造，中国的所有制结构开始从五种经济成分向单一公有制进行转变。1956年年底中国超预期地完成了社会主义改造。随着社会主义改造的基本完成，一方面，多种经济成分并存的所有制格局演变为只有集体所有权和全民所有制的单一公有制；另一方面，生产与流通领域的组织形式过于单一，在以前有利于商品生产和流通的多种组织形式逐渐被集

---

① 李艳秋：《中国特色社会主义所有制结构的演变及启示》，《中国特色社会主义研究》2014年第2期。

体生产、统一经营这种单一组织形式所取代。

1957年以后,由于在"左"倾思想的指导下,中国的生产关系领域在不断发生变革,单一的所有权结构得到了进一步强化。"文化大革命"期间,中国完成了从初级社到高级社的转变,所有权结构几乎全部转变为了公有制。在这段时期,一方面,公有制以外的其它经济成分遭排斥,在当时非公有制经济被认为是"资本主义的尾巴"应当被割掉①;另一方面,将"一大二公"作为判断所有制是否先进的标准,同时认为社会主义公有化程度越高越好,公有制的范围越大越好。1978年,全民所有制经济在中国工业总产值中占比为77.6%,集体经济占比为22.4%②,个体私有经济是不存在的,中国生产资料的所有制已经完全变成了单一的公有制③。在此阶段,国家的基本立场和利益主要是实现新民主主义向社会主义的过渡,建立社会主义制度,发展社会主义经济,所以通过"一化三改造"逐步建立起公有制占主导的社会主义基本经济制度,通过计划经济体制来实现赶超性的经济发展战略。

三 公有制为主体,非公有制为补充格局形成(1978—1988年)

1978年,党的十一届三中全会上提出了调整对外经济政策的决定,要求我国公有制企业在自力更生的基础上同世界各国建立平等互利的经济合作。截至1985年年底,中国已批准建立2300多家中外合资企业,3700多家中外合作经营企业以及120家外商独资企业④。在1987年1月22日中共中央政治局通过的《把农村改革引向深入》的

---

① 熊德平:《我国所有制改革历程的制度经济学探索》,《求是学刊》2002年第2期。
② 桑东华:《新中国成立以来党的所有制政策的演变与我国所有制结构的变迁》,《中共党史研究》2010年第7期。
③ 田晖:《对我国所有制结构演变及趋势的思考》,《经济问题》2005年第5期。
④ 《人民日报》1986年1月30日。

决定中提到了在社会主义的初级阶段，我国的商品经济在不断发展这一较长的时间内，个体经济与少量私营经济的存在是不可避免的。这是第一次肯定了私营经济。同年党的十三大正式地肯定了私营经济的合法性和合理性①。党的十三大提到了发展一定程度的私有制经济对于生产的促进、市场的活跃以及扩大就业是十分有利的，能更好地满足人们多方面的生活需求，是公有制经济的必要和有益的补充。在这一段时期，非公有制经济作为公有制经济的补充而存在。在此阶段，国家的基本立场和利益主要是解放生产力和发展生产力，所以在坚持公有制为主体的同时，允许非公有制为其重要补充。

四 公有制为主体、多种所有制经济共同发展的基本经济制度确立（1989—1997年）

在这一段时期，由于出现了各种新兴经济力量，单一的公有制结构在逐渐的突破，同时受到国内外政治经济形式变化的影响，思想领域对此产生了争论，一些人提出了姓"资"姓"社"的问题。1992年邓小平"南方谈话"中，他提出了"三个有利于"标准，对社会主义的本质进行了精确概述，同时指出计划和市场都是经济手段，要大胆地吸收和借鉴人类社会的文明成果，进一步扫清了中国在私有制改革问题上的思想障碍②。同年10月党的十四大把建立社会主义市场经济体制作为我国经济体制改革的目标，并且提出了多种经济成分"长期共同发展"的指导方针。1997年8月党的十五大明确提出了我国的基本经济制度是以公有制为主体、多种所有制经济共同发展，非公有制

---

① 白永秀、王泽润：《非公有制经济思想演进的基本轨迹、历史逻辑和理论逻辑》，《经济学家》2018年第11期。

② 郭飞：《深化中国所有制结构改革的若干思考》，《中国社会科学》2008年第3期。

经济是我国社会主义市场经济的重要组成部分①。自此中国所有制结构以公有制为主体、多种所有制经济共同发展的局面正式形成。在此阶段，国家的基本立场和利益仍然是解放生产力和发展生产力，并探索建立社会主义市场经济体制，通过市场经济体制来发展经济。

五 进一步完善与发展公有制为主体、多种所有制经济共同发展的新时代（2012年至今）

党的十五大以后，中国坚持以公有制为主体、多种所有制经济共同发展的基本经济制度，并将其进一步地完善与发展。2002年党的十六大根据解放和发展生产力的要求，将基本经济制度与全面建设小康社会的目标相结合，提出了"两个毫不动摇"和"一个统一"的思想②。2007年10月党的十七大又提出了"两个平等"的思想，即坚持平等保护物权，形成各种所有制经济平等竞争、相互促进的新格局，进一步深化社会主义经济制度。2012年党的十八大明确指出，公有制经济和非公有制经济都是社会主义市场经济的重要组成部分，都是我国经济社会发展的重要基础。2017年党的十九大明确提出必须坚持和完善我国社会主义基本经济制度和分配制度，毫不动摇巩固和发展公有制经济，毫不动摇鼓励、支持、引导非公有制经济发展。2018年习近平总书记在改革开放40周年纪念会报告中指出，须坚持和完善我国社会主义基本经济制度和分配制度，毫不动摇巩固和发展公有制经济，毫不动摇鼓励、支持、引导非公有制经济发展，要充分发挥市场在资源配置中的作用，更好发挥政府作用，激发各类市场主体活力。在此阶段，国家

---

① 陈宗胜、王晓云、周云波：《新时代中国特色社会主义市场经济体制逐步建成——中国经济体制改革四十年回顾与展望》，《经济社会体制比较》2018年第4期。

② 胡家勇：《改革开放40年中国所有制理论的创新和发展》，《中州学刊》2018年第5期。

的基本立场和利益主要在巩固基本经济制度的基础上，进一步发挥制度优势，实现经济高质量发展，全面建成小康社会和现代化强国。

从中国所有制的变迁，可以看出，国家在我国的经济社会的发展过程中发挥着重要的作用。所有制的每一次变迁，都是随着发展阶段、环境，以及发展目标和任务的变化而进行调整。但是，所有制调整都围绕着国家主体性和国家利益。所有制变迁的过程，既是解放生产力和发展生产力的过程，也是国家主体性和国家利益实现形式多元化的变化过程。

第五节　本章小结

国家在经济发展中的作用一直是学界争论的主要焦点，其实质是如何正确处理市场与国家的关系。为此，古典自由主义、凯恩斯主义和新自由主义对国家在经济发展中所持意见是不同的。现代国家在经济增长中发挥了越来越重要的作用，包括保障政权巩固和社会稳定、提供现代社会和市场有效运行的基础设施和公共服务、构建保障市场有效运行的制度和基础设施、调节阶级之间和利益集团之间的利益、实施有效的宏观经济政策和对外维护国家和企业等的经济利益等。从美国经济发展历程中可以看出，国家在经济增长中的作用，不同性质和处于不同发展阶段的国家，其所发挥的作用是不同的。以新中国成立以来的所有制变迁为线索，可以发现国家立场和国家利益的变化是制度调整的重要原因。只有辩证地处理好市场与政府的关系，用好"看不见的手"和"看得见的手"才能为经济的可持续增长提供动力机制和制度保障。

第四章

国家在收入再分配中的作用

第一节 引言

改革开放40多年来,中国在经济快速增长的同时,收入分配差距扩大的问题日益凸显。要解决收入分配差距这个"短板"问题,不仅要坚持按劳分配的原则,完善按要素分配的体制机制,而且要发挥政府在收入再分配调节中的作用。为此,党的十九大报告中提出缩小收入分配差距要"履行好政府再分配调节职能,加快推进基本公共服务均等化"[1],同时还提出政府通过优先发展教育事业、提高就业质量和人民收入水平、加强社会保障体系建设、坚决打赢脱贫攻坚战等具体措施发挥调节收入差距的作用。那么,政府到底在收入再分配中发挥怎样的职能,采取怎样的手段才能有效调节收入差距?西方主要发

---

[1] 习近平代表第十八届中央委员会于2017年10月18日在中国共产党第十九次全国代表大会上向大会作的报告《决胜全面建成小康社会 夺取新时代中国特色社会主义伟大胜利》。

达国家在收入再分配中的职能和经验值得我们借鉴[①]。

对于中国收入分配差距问题,国内外学者进行了很多研究,主要体现在以下几个方面。一是中国收入差距的基本情况。中国的收入分配主要矛盾不仅表现为微观层面收入和财富的不均等程度加深,还体现在宏观层面的收入分配基本格局失衡[②]。具体来说,居民内部收入差距较大,2012—2016年的基尼系数为0.474、0.473、0.469、0.462、0.465[③];财产占有的不平衡更为突出,2015年中国最富10%人群的财产占全部财产的比重为67%,最富1%人群的财产占全部财产的比重为30%[④];此外,城乡收入差距[⑤]、地区间收入差距[⑥]、行业间收入差距问题也比较突出。

二是收入差距扩大的原因。主要体现在要素市场失灵、政府政策导向、经济体制改革、经济制度缺陷、人力资本差异、市场权力寻租等方面[⑦]。在更广阔的视角下,目前全球普遍的不平等正是现代经济增长和全球化所造成的[⑧],对金融资本和实体资本管制的放松加剧了这种不平等[⑨]。

三是关于收入差距的调节。一方面要注重初次分配领域的调节,

[①] 这里的国家主要指狭义的国家,即一般意义上的政府。
[②] 蔡昉、张车伟:《中国收入分配问题研究》,中国社会科学出版社2016年版,第4页。
[③] http://www.stats.gov.cn/ztjc/zdtjgz/yblh/zysj/201710/t20171010_1540710.html。
[④] T. Piketty, L. Yang, G. Zucman, "Capital Accumulation, Private Property and Rising Inequality in China, 1978—2015", NBER Working Paper, 2017.
[⑤] 陈斌开、林毅夫:《发展战略、城市化与中国城乡收入差距》,《中国社会科学》2013年第4期。
[⑥] 赵亚明:《地区收入差距:一个超边际的分析视角》,《经济研究》2012年第S2期。
[⑦] 薛宝贵、何炼成:《我国居民收入不平等问题研究综述》,《经济学家》2015年第2期。
[⑧] P. Lysandrou, "Global Inequality, Wealth Concentration and the Subprime Crisis: A Marxian Commodity Theory Analysis", Development and Change, 2011 (1): 183—208.
[⑨] A. Shaikh, "Income Distribution, Econophysics and Piketty", Review of Political Economy, 2017 (1): 19—29.

如通过完善市场体系形成各生产要素公平竞争的环境，使劳动力市场上供需双方地位趋向平等，让农民成为清晰明确的市场主体与产权主体等①。中国与发达国家初次分配结构相比劳动收入份额明显偏低②，提升初次分配的劳动份额对消费需求和经济增长具有重要影响③；另一方面是要发挥政府在收入再分配中的作用，如将税收、社会保障和转移支付作为再分配调节机制的主要工具，共同发挥协调作用④。

关于政府收入再分配职能和作用的研究，国内外学者也给予了较多关注。西方学者始终将收入分配职能作为"三职能说"的稳定内核来发展政府职能内涵，通过收入和财富的分配调节得到社会认可的"公平"或"公正"的分配状况⑤，并从税收体系、转移支付、社会保障和社会福利等方面进行政府再分配手段的研究或比较⑥。

国内学者则通过论述中国改革开放以来政府职能的转变过程，从马克思主义视角、市场视角、服务视角等政府职能模式出发⑦，进行政府收入再分配的职能研究。政府可通过制度公平建设⑧、理性设计

---

① 厉以宁：《收入分配制度改革应以初次分配改革为重点》，《经济研究》2013 年第 3 期。

② 肖红叶、郝枫：《中国收入初次分配结构及其国际比较》，《财贸经济》2009 年第 2 期。

③ P. Bowles, "Rebalancing China's Growth: Some Unsettled Questions", *Canadian Journal of Development Studies*, 2012 (1): 1—13.

④ 汪昊、娄峰：《中国财政再分配效应测算》，《经济研究》2017 年第 1 期。

⑤ Richard A. Musgrave, *The Theory of Public Finance: A Study in Public Economy*, New York: McGraw-Hill, 1959, p.160.

⑥ H. Immervoll, H. Levy, C. Lietz, D. Mantovani, C. O'Donoghue, H. Sutherland, G. Verbist, "Household Incomes and Redistribution in the European Union: Quantifying the Equalising Properties of Taxes and Benefits", Economics Series 184, Institute for Advanced Studies, 2006.

⑦ 毛寿龙、景朝亮：《近三十年来我国政府职能转变的研究综述》，《天津行政学院学报》2014 年第 4 期。

⑧ 邵红伟：《如何实现效率与公平的统一——推进保障机会平等的制度公平》，《经济学家》2017 年第 1 期。

并多管齐下的社会保障改革①、整体提高税后劳动分配份额②、调节税收影响企业与家庭的分配情况③等多种再分配手段进行收入差距调节、化解社会矛盾并持续保障与改善民生。

不同的再分配手段的贡献度存在差异,美国经验研究发现转移支付的调节力度远强于税收④,比较多个国家的税制也发现不同的税种对调节收入分配的效果区别较大⑤。同时政府再分配过程也存在缺陷,转移支付和社会保障系统通常只对有限人群起作用,对处于系统外的农村移民收效甚微⑥。再分配手段若难以抑制高收入阶层的收入增长也会成为收入不平等扩大的重要原因⑦。

以上对政府再分配职能和作用的研究,尽管内容很丰富,但是缺乏结合具体的政府认识论、市场经济模式和社会发展阶段特征相对应的政府再分配职能和手段演化的研究。因此,本书从一个更加宏观的视角出发,结合政府职能的价值认识、不同市场经济模式和社会发展阶段性特征等因素对政府收入再分配的职能和手段进行比较研究,并结合中国实际得出一些启示,为中国政府调节收入分配差距提供一定的理论参考。

---

① 郑功成:《中国社会保障改革:机遇、挑战与取向》,《国家行政学院学报》2014年第6期。

② 郭庆旺、吕冰洋:《论要素收入分配对居民收入分配的影响》,《中国社会科学》2012年第12期。

③ 何其春:《税收、收入不平等和内生经济增长》,《经济研究》2012年第2期。

④ Kinam Kim, Peter J. Lambert, "Redistributive Effect of U. S. Taxes and Public Transfers, 1994—2004", *Public Finance Review*, 2009 (1): 3—26.

⑤ Thomas Piketty, Emmanuel Saez, "How Progressive is the U. S. Federal Tax System? A Historical and International Perspective", *Journal of Economic Perspectives*, 2007 (1): 3—24.

⑥ Hiroko Uchimura, "Influence of Social Institutions on Inequality in China Institute of Developing Economies", Discussion Paper, 2005 (26).

⑦ Herwig Immervoll, Linda Richardson, "Redistribution Policy and Inequality Reduction in OECD Countries: What Has Changed in Two Decades", IZA Discussion Paper, 2011 (6030).

第二节 不同的政府职能认识论与政府收入再分配调节

政府职能强调政府在整个经济社会中的应有作为和权限范围。随着生产力的变化与社会生产关系的变迁,政府职能理论在社会实践的影响下不断地完善和调整,形成了迥然不同的价值认识,引导着政府最重要职能之一收入分配职能的发挥空间以及调控力度。有学者认为,西方政府职能的价值认识经历了国家干预主义、自由主义以及西方马克思主义政府职能观等主要变化过程[1],但是笔者认为这样的划分有一定的合理之处,但是缺乏了自由主义政府论和干预主义政府论之间的折中主义政府论,也忽视了新自由主义政府论对西方主要国家的影响力。为此,笔者从古典自由主义政府论、干预主义政府论、新自由主义政府论和折中主义政府论,以及马克思主义政府论来探讨政府职能价值认识与政府收入再分配的联系。

一 古典自由主义政府论与政府收入再分配调节

古典自由主义始于十六七世纪的英国。约翰·洛克以自然状态为逻辑起点提出了政府契约理论,认为人们可用合适的方法在自然法范围内决定自身行动和处理财产,"而无需得到任何人的许可或听命于任何人的意志"[2],但自然状态本身存在缺陷难以保证自然权力,将促使人们自发放弃部分权利、互相缔结契约并组成政府。大卫·休谟从

---

[1] 何炜:《西方政府职能理论的源流分析》,《南京社会科学》1999 年第 7 期。
[2] 洛克:《政府论》(下篇),叶启芳、瞿菊农译,商务印书馆 2005 年版,第 3—4 页。

历史效用论的角度提出政治权威的出现源于人们的某种利益需求,"我们服从政府乃是因为它有利于社会效用"①,政府通过公共物品的供给可以保障社会秩序与和平、满足人民的效用与福利。面对此时经济发展中封建生产关系与新兴资产阶级生产关系、产业资本与商业资本之间的矛盾,古典经济学派以主张经济自由促使资本主义的进一步发展,政府职能仅局限于充当市场的"守夜人",不能干预经济活动。亚当·斯密联系所处时代的历史和制度结构,认为市场自发调节比政府参与干预会有更好的结果。对于分配理论,亚当·斯密将资本主义社会结构划分为工人阶级、资本家阶级和地主阶级,对应着一国土地与劳动的全部年生产物自然区分为劳动工资、资本利润和土地地租②,并主张由市场供求决定,反对人为干预。自由主义政府论的另一方代表人物是萨伊。萨伊以其生产三要素论为基础,形成三位一体的分配公式,认为劳动、资本和土地在价值创造的过程中都提供了生产性服务,应取得相应的报酬③,这样,收入分配就成为市场自然规律的结果,收入差距仅仅是要素占有和提供的差距,不仅掩盖城乡之间与资本主义企业之间的矛盾,还企图论证社会各阶级利益的和谐一致以及资本主义市场的内在稳定性,从而得出国家应该完全放弃干预的结论。相对于封建主义的禁锢,古典自由主义的政府论在当时是有一定积极作用的,但是这种绝对自由也带来很多的社会问题,最典型的就是整个社会的收入差距不断扩大,尤其是新型资产阶级和工人阶级,以及普通劳动者的收入差距越来越大。以英国为例,从功能性分配的视角来看,整个工业革命过程中英国地租份额始终在下降;18 世纪末

---

① 大卫·休谟:《休谟论说文集卷1:论政治与经济》,浙江大学出版社 2011 年版,第 352 页。
② 亚当·斯密:《国富论》(上卷),商务印书馆 1983 年版,第 53 页。
③ 萨伊:《政治经济学概论》,商务印书馆 1982 年版,第 328 页。

期英国的劳动份额在 60% 左右，到 19 世纪中期以后下降到 50% 以下；与此同时，资本份额却从 20% 上涨到 40%[①]。自由主义时期地租、工资和利润之间差距不断扩大。

二 干预主义政府论与政府收入再分配调节

现代西方经济社会发展中，政府干预主义的思想萌芽最早可追溯到 16 世纪，重商主义者意识到如果立法能够得到准确无误的执行，它将对经济事件的过程产生积极的影响，经济分析将显示何种形式的政府干预会达到既定的目的[②]。重商主义代表了资本原始积累时期商业资产阶级的利益，商业资本发展要求建立中央集权国家，此时强调政府是希望国家积极干预经济生活以保护阶级利益，而非社会财富的分配调节。这种早期的国家干预主义通过政治力量在资产阶级财富原始积累过程中促进了自然经济的解体，然而随着社会生产力的发展，以生产领域为研究中心的古典经济学范式成为主流，自由之风盛行，政府职能被不断弱化。

19 世纪中期古典学派受到来自德国历史学派的批判，此时的黑格尔体系在某种意义上可视为普鲁士王国的国家哲学，其关于国家广泛介入以发展资本主义的观点被历史学派所吸收。先驱者李斯特认为斯密经济学的缺点在于未顾及各个国家的自有利益、未考虑不同国家特殊的经济发展道路，由此提出"国家经济学"，研究"某一国家，处于世界目前形势以及它自己的特有国际关系下，怎样来维持并改进它

[①] Robert C. Allen, "Engels' Pause: Technical Change, Capital Accumulation, and Inequality in the British Industrial Revolution", *Explorations in Economic History*, 2009 (4): 418—435.

[②] 哈里·兰德雷斯、大卫·C. 柯南德尔：《经济思想史》，人民邮电出版社 2014 年版，第 51 页。

的经济状况"①，其中特别指出当国家情况存在差异，落后国家应该实行保护制度，主要是征收关税、保护自有工商业。此时，政府的作用主要是停留在国际层面，为了国家整体发展与财富积累，对外实行保护，而不涉及对内的具体调节。19世纪70年代后历史学派过渡到新历史学派，其国家观得到了继承与发展，国家可通过制度与立法统辖所有家庭、城市与社会团体。此时针对德国频发的劳工问题，不少学者如史泰因、谢夫勒、阿道夫·瓦格纳等提出实行社会改良政策，让国家职能"不仅仅是为了保护生命财产、抵御外敌侵略等，还包括发展教育、社会救济和增进社会福利"②，主张建立社会政策的税收理论体系，利用税收的积极推行实现纯财政和社会公平分配的目标。此时政府的收入分配职能随着国家职能的扩张，不仅是国家实现基础财政功能的基本手段，更是社会贫富调节、社会阶级流动的重要工具。

　　20世纪30年代的经济大萧条意味着古典自由主义的终结。为了应对大萧条，罗斯福新政与凯恩斯革命应运而生，国家干预主义也从幕后走上了台前，并成为第二次世界大战后至20世纪70年代西方国家的主流经济意识。国家干预主义中，最具代表性的就是凯恩斯主义。其代表人物凯恩斯从个体的三大基本心理规律出发，认为危机的主要原因在于自由竞争条件下私人投资与有效需求的不足，市场经济难以自发形成充分就业的供需均衡。对于收入分配问题，凯恩斯提出绝对收入假说，辅助说明随着收入的增加消费增量比重在收入增量中递减以及收入分配不公都是有效需求不足的重要原因之一。此时，政府必须出手干预经济，通过实行负债支出、举办公共工程、改变租税体系等财政政策刺激消费与投资，同时辅以积极货币政策以调整经济。继承凯恩斯国家干预主义的新剑桥学派在哈罗德—多马模式的基

---

① 季陶达：《资产阶级庸俗政治学选择》，商务印书馆1963年版，第286页。
② 汤在兴：《近代西方经济学史》，上海人民出版社1990年版，第502页。

础上建立模型研究经济增长与收入分配的内在机制,说明利于资本的收入分配结构失调会影响经济增长,强调以现有资本主义私有制为前提通过再分配对分配结构进行调整。罗宾逊就希望通过分配领域的调节,如合理税收制度、低收入补助、提高失业者的文化技术水平等措施使得"私人食利者"阶级被"国家食利者"替代①。第二次世界大战以后,在国家干预主义的经济政策和分配政策下,欧美等国家经济发展经历了"黄金十年",收入差距整体上也有缩小趋势。

三 新自由主义政府论与政府收入再分配调节

起于20世纪70年代的新自由主义,源于发达国家普遍的"滞胀"现象使得一些经济学家对凯恩斯主义产生怀疑。新古典自由主义带来了"萨伊定律"的回归,认为市场经济本身是动态稳定且均衡的,经济波动来源于政府利用税收、支出等手段妄自干预。货币学派弗里德曼提倡要充分发挥市场机制的自身作用,实行单一规则的货币政策,否定财政政策的长期效用。他通过对当时美国社会福利制度包括社会保险、住房补助、政府补助和医疗照顾等几个方面进行批判、否认政府再分配对社会福利的促进,提出负所得税计划保障低收入者得到政府补贴,实行教育券计划使教育进入市场供学生自由选择学校②。公共选择学派布坎南以"政府失败"作为分析国家职能的起点,认为政府本身也具有追求利益最大化的动机,市场的缺陷难以被政府弥补。但对于"带着出身进行市场比赛"③即机会不公所产生的收入差距,只能通过征收如遗产税、赠与税等转让税并实行公立教育

---

① 胡代光:《新剑桥学派述评》,《经济研究》1983年第1期。
② 米尔顿·弗里德曼:《弗里德曼文萃》,胡雪峰、武玉宁译,首都经济贸易大学出版社2001年版,第20页。
③ 布坎南:《自由的限度》,顾肃译,台北联经出版社2000年版,第23页。

等社会政策实现机会公平。奥地利学派哈耶克从价格机制的经验分析角度阐述了市场自然秩序的相对优越性,"政府的一切强制行动都必须限于对一般且抽象的规则的实施"①,即政府干预必须严格遵循可为和不可为的原则。他以福利国家的短视和低效出发,批评人为的财富分配和福利制度对个人自由的剥夺以及对经济发展的破坏,社会保障制度应与社会经济发展互相平衡并适应。

新自由主义信奉市场经济自然规律的内在和谐,将政府职能局限于经济"守夜人"的身份,社会分配靠市场自发形成、确保各阶级进行要素投入的对应报酬。尽管新自由主义者对凯恩斯之后的社会福利制度诸多批判,认为大多再分配手段对社会秩序产生扰乱并主张尽可能缩小政府职能让市场发挥更大的作用,但也支持利用必要手段如税收、教育等补充市场的漏洞,为市场经济营造出更为健康完善的外部条件。在西方国家,新自由主义经济意识占统治地位时期,经济的波动性增加了,同时收入差距问题越来越严重,最终爆发了 2008 年金融危机②。尽管 2008 年金融危机爆发的直接原因是过度的金融创新和监管放松,但是实体经济部门和虚拟经济部门的收入差距过大,以及个人收入差距持续过大也是非常重要的原因。

四 折中主义政府论与政府收入再分配调节

政府有限干预下的折中主义介于自由主义与干预主义之间,政府职能大于"守夜人"、小于积极干预,折中主义者希望通过一种较为

---

① 哈耶克:《自由秩序原理》,邓正来译,生活·读书·新知三联书店 1997 年版,第 190—191 页。

② Kotz David M., McDonough Terrence, "Global Neoliberalism and the Contemporary Social Structure of Accumulation", Edited by Terrence McDonough, Michael Reich, David M. Kotz, *Contemporary Capitalism and its Crises: Social Structure of Accumulation Theory for the Twenty-First Century*, London: Cambridge University Press. 2010.

温和的政府手段来干预经济并改良社会、消除失灵并缓解矛盾。折中主义政府论思想体现了一种在政府与市场之间的折中主义,最初始于19世纪经济学家约翰·穆勒,他通过对古典经济学的综合折中了自由主义与社会主义,既强调促进增长的一般原则是经济自由主义,又肯定政府应在保护人身及财产安全之外的领域也进行有限干预,一些对自由的限制只有立法或者政府才能消除,"政府的目标就像社会联盟的目标一样广泛,它们由所有的有益行为以及所有对罪恶的免疫力组成"[1]。此外,他提出生产法则与分配法则具有不同的性质,生产法则是永恒自然规律、不受人类意愿改变,而分配法则来自特定的制度安排、可通过社会干预改变。约翰·穆勒强调财产分配不公是资本主义现行制度的根本矛盾,导致了资本家与劳动者之间的阶级对立,由此提出以改变工资制度、建立生产者协会、征收土地税、限制遗产继承权等为主的社会改良主张。可以看到约翰·穆勒对自由主义与干涉主义的折中态度,影响到他对政府经济政策的看法,希望利用温和的变革方式保护工人阶级、缓解资本主义矛盾。政府有限干预的思想在福利经济学上再度体现,边际革命后庇古以马歇尔的局部均衡论和效用基数论以及边沁的功利主义理论为基础开创了福利经济学。庇古认为,社会配置最优条件是边际社会纯产值与边际私人纯产值相等,而实现最优配置的基本机制就是私人经济的自由竞争;但生产权和所有权不一致可能会导致边际社会纯产值与边际私人纯产值的背离,需要政府适度干预来消除,只能通过征税和补贴实现国家福利的增进[2]。

2008年金融危机后,在坚持自由市场经济基础上,政府干预主义又获得新的活力。当代著名经济学家斯蒂格利茨的政府干预理论,首

---

① 约翰·穆勒:《政治经济学原理》,赵荣潜等译,商务印书馆1991年版,第804—805页。

② 马涛:《经济思想史教程》,复旦大学出版社2002年版,第358页。

先通过格林沃德—斯蒂格利茨定理说明市场在信息不完全、市场不完备、竞争不完全条件下无法自发实现帕累托最优[1]，在此基础上，可以缓解甚至消除的政府失灵不会比市场失灵更糟，适当政策能够带来帕累托改进[2]。对于社会收入分配问题，他认为："市场力量所体现的收入分配也许不被社会所接受……政府反映人民的利益，可以而且必将进行收入的再分配，把富人的一部分收入分配给穷人。"[3] 皮凯蒂也广泛强调以征税为主的政府干预对收入与财富不平等的影响。他通过比较20多国家跨世纪的收入与财富变化，提出三条资本主义基本法则，其中最重要的是资本收益率大于经济增长率（r＞g）会使得不平等程度扩大，应该通过课征全球范围的财产税使税后资本收益率接近经济增长率，从而改变劳动和资本在收入分配中的失衡地位[4]。

与自由经济相对立的国家干预主义的政府职能理论以"市场失灵"为主要论据，主张政府有效或者认为政府失灵能够得到有效控制，由此政府应该积极干预经济。但不同时期、不同国家或不同学派的政策主张因自身立场而有所区别，政府的调控目的、手段、范围和力度也随之不同。对于再分配的调节，在不同的分配理论指导下政府调控呈现出不同的侧重。同时政策实施需要以发达完善的市场机制为前提，政策效果才能更好，否则政府干预的滞后性对经济运行没有益处。

五 马克思主义政府论与政府收入再分配调节

不同于西方主流学派学者们仅从经济问题本身出发进行理论和政

---

[1] Bruce C. Greenwald, Joseph E. Stiglitz, "Externalities in Economies with Imperfect Information and Incomplete Markets", *The Quarterly Journal of Economics*, 1986 (2): 229—264.

[2] 杨天宇：《斯蒂格利茨的政府干预理论评析》，《学术论坛》2000年第2期。

[3] 约瑟夫·E·斯蒂格利茨、吴先明：《政府失灵与市场失灵：经济发展战略的两难选择》，《社会科学战线》1998年第2期。

[4] 皮凯蒂：《21世纪资本论》，中信出版社2014年版，第590页。

策分析的模式，马克思主义经典作家们更注重以辩证唯物主义的方法分析政府职能和国家意识形态。19世纪中叶连续发生的经济危机，使得马克思、恩格斯率先注意到了工人阶级与资产阶级之间、生产资料的私人占有与生产社会化之间的种种矛盾，并提出资本主义终将发展为社会主义、未来社会政府职能等设想。马克思认为社会主义政府应当在客观规律的基础上，进行有意识的社会监督和调节，从而保证社会有计划生产、按比例发展①，同时在未来阶级对立消亡、生产资料全民平等占有的基础上提出"小政府、大社会"的构思，建立自治机关，实行"廉价政府"。尽管马克思的国家观并未明确政府对收入分配的调节职能，但理论逻辑说明了政府在收入分配中应起到重要作用。比如对于社会公平分配问题，马克思认为公平分配是一个具体的、历史的范畴，"什么是'公平的'分配呢？难道资产者不是断言今天的分配是'公平的'吗？难道它事实上不是在现今的生产方式基础上唯一'公平的'分配吗？……难道各种社会主义宗派分子关于'公平的'分配不是也有各种极不相同的观念吗？"②而判断不同时期的社会分配方式是否公平取决于是否与该时期的生产关系相适应，在社会主义阶段实行的"各尽所能，按劳分配"的分配方式，到共产主义实现"各尽所能，按需分配"的公平。为确保社会化大生产条件下的公平正义，国家应通过财政政策、社会保障等方式影响收入分配的结果，"保证所有的工人都有生活资料，并且负责照管丧失劳动力的人。实行普遍的免费的国民教育"③。随后的马克思主义者们在此基础上，联系生产力与生产关系、经济基础与上层建筑的辩证关系以及社

---

① 李大林：《马克思主义政府职能的理论及其启示》，《甘肃社会科学》2007年第6期。
② 《马克思恩格斯文集》（第3卷），人民出版社1995年版，第304页。
③ 《马克思恩格斯文集》（第5卷），人民出版社1995年版，第4—5页。

会分工的经济背景，形成了包括有限论、两重论、正负作用论、权变论等观点的政府职能理论[①]，从政府职能的范围、层次、性质和变迁等不同层次与角度，丰富政府职能论的内涵与外延，从而使政府再分配的职能与手段也得到了发展。

马克思主义者们强调了政府职能的顶层规划作用，承认政府工作以社会公共管理为界的有限性，也认为政府在进行社会管理或政府统治的过程中可能带来消极影响。由此，政府职能范围的界定对整个社会生产关系的运行都有意义，尤其是再分配领域，在界限之内合理行使政府职能、利用政府权威调整市场关系，界限之外最大限度地尊重市场规律。

通过以上论述可知，从整体上看，不同学派对政府职能的认识是不同的。古典自由主义和新自由主义认识论下的政府职能范围最小，仅充当财产私有制的"守夜人"；政府折中主义下的政府职能范围次之，需要政府主动进行收入分配调节以缓解社会矛盾；政府干预主义的政府职能范围较大，提倡政府对社会经济问题进行积极干涉。同时马克思主义者还通过联系物质资料生产总过程以及生产力与生产关系的辩证关系对未来政府职能理论进行发展。从不同的价值认识内部来看，随着社会生产力的发展以及生产关系的变迁，同一价值认识内部也出现分化，国家干预主义与自由主义都有各自无法克服的缺陷，市场失灵与政府失败使得理论之间呈现出交互吸收、彼此融合的趋势。与最初的自由主义相比，新古典自由主义逐渐利用政府行为对分配格局进行操作；与纯粹的干预主义相比，后继者们也承认市场在效率上的优越性以及过度福利的失败。仅靠一种理论难以解决现实经济问题，二者既相互对立又各自互补，最终发展成为政府职能有界的观

---

① 李峻登：《政府职能理论与政府职能转变必然性》，《行政论坛》1996年第3期。

点,在范围之内政府合理发挥、范围之外由市场自发配置。在这些不同价值认识下均可以看到政府收入再分配职能的重要性,它是社会公平与经济发展的根本保障,区别只是不同的价值认识对政府进行再分配的权责范围以及具体操作的决定作用。如何界定政府职能才能使得收入再分配过程既不通过财政压力影响后续经济发展、又尽可能地保障社会公平,成为政府职能与手段不断突破的前提。

第三节 不同发展阶段下的政府收入再分配调节

收入分配问题通常具有社会进步的一般特征以及经济发展的阶段性特征。在不同发展阶段中,收入差距的表现以及人们对解决当时社会分配问题的探索,既受到历史传统的制约,也受到生产关系变化下分配关系变化的影响。对分配关系进行调整的政府收入再分配,同样也会随着经济与社会的发展阶段而呈现出可以回溯的共性,以及较为明显的个性。因此,有必要联系不同发展阶段考察国际进行收入再分配调节的经验。

发达国家较之于发展中国家,经历了一个更为完整的工业化过程,包括前工业化时期、工业化时期以及后工业化时期。[①] 从更加长期的视角来看,发达国家并未像库兹涅茨倒"U"形曲线所描绘的那样,收入差距呈现出先扩大,再随着发展水平的提高以及规则制度的完善不断缩小的变化。而是随着工业化的推进,收入不平等经历了扩大—缩小—再扩大的阶段,每个阶段对应着不同的内在规律以及政策

---

① H. 钱纳里等:《工业化和经济增长的比较研究》,上海三联书店1995年版,第71页。

制度的变化①。

一 前工业化时期的政府收入再分配调节

在前工业化时期，西方国家的资本主义已经萌芽，开始从封建社会向资本主义社会过渡。社会经济结构逐渐产生二元分化，农村仍以农耕经济和自然经济为主，城市则出现以手工作坊为主的工业生产，国民收入开始缓慢上涨。但因人口数量回升和物价水平提高等原因，雇佣工人的实际工资较低，收入分配结果差距悬殊。此时，社会普遍对公平分配的诉求并不急切，部分国家劳资冲突频发，也仅是为了基本的工资问题，因此政府的收入再分配手段比较有限，尚未形成系统的制度体系。

经济社会中只存在有限的赋税原则，政府进行赋税的目的是为了维护国家统治、维持公共治安并满足日常开支，主要发达国家均未实行所得税。同时，由于还未形成系统的财政体系，政府间转移支付也无从提起。在社会保障方面，尽管现阶段尚未有社会保障的概念存在，但政府为解决国家劳资纠纷，采取积极干预措施，为劳工提供一定程度的保护。以英国为例，17世纪英国政府就出台一系列法令，批判了之前单纯规定最高工资标准的弊端，提出同时执行最高和最低工资标准的双轨制工资标准，重视保障劳工的基本生活。1720年出台的《劳工法令》，首次承认劳工付出劳动后有获得合法报酬的权利，为保护劳工的劳动成果提供法律保障。总的说来，前工业化时期发达国家政府以经济增长目标为主，其政策主要是为资本主义发展扫清障碍，对收入分配目标并不重视，再分配职能受到限制。

---

① 蔡昉、张车伟：《中国收入分配问题研究》，中国社会科学出版社2016年版，第227页。

二 工业化时期的政府收入再分配调节

在工业化时期，政府的收入再分配职能经过工业化早期的不断摸索，在工业化中后期逐渐成熟。在工业化早期阶段，随着资本主义生产方式的建立，社会分工与生产专业化程度开始加深，国民收入总量不断增长。政府意识到工业化与技术进步对国民财富增长的好处，实行偏向资本的政策制度，国民收入开始出现差距。一方面，随着资本积累，传统农业部门与现代工业部门的分化，使得城市和农村之间出现日益增长的差距；另一方面，相对于过剩劳动力转移带来的劳动力供给过剩，资本要素显得稀缺，劳资之间的利益分配格局开始出现失衡。这种逐渐显现的差异并未得到政府的重视，政府的再分配政策主要以税收调节为主，转移支付与社会保障等社会福利手段还未开始施行。而在税收方面，工业化早期大多国家主要实行单一所得税制度，政府仅征收少量所得税，税制结构非常简单，更多的还是为了给新兴资产阶级发展提供良好的政策环境，为经济增长释放空间。如英国仅将所得税作为战时措施，几经废立，到1842年才继续征收所得税。

到了工业化中后期阶段，随着资本主义生产关系的成熟，现代工业部门的主导地位得到确立，经济结构发生转变，经济增长模式出现新的变化。资本的连续投入，导致资本边际报酬递减规律开始显现，而受到专业化训练的劳动力生产效率不断提高。劳资之间的矛盾得到缓解，收入差距趋于缩小。

与此同时，政府为了重视公平、提高福利并稳定经济，其制度规则开始向劳动力倾斜，收入再分配的调节也更加注重劳动者的个人利益和社会保障。在税收调节方面，发达国家在工业化中后期逐步实现了税收制度的趋同，开始实行城乡统一的流程式税制结构，征收税种以商品税为主、所得税为辅①。此时税制安排对收入分配的调节作用开始提升,就所得税而言,美国实行以累进税率的个人所得税,边际税率较高;法国实行高额累进税制的个人所得税,低收入家庭免缴或少缴;英国采取综合税制的个人所得税,符合要求的低收入者免缴。

  在转移支付方面,财政支出是发达国家在工业化中后期频繁利用的调节手段。在工业化中后期,发达国家因为频发的劳资冲突和严重的社会矛盾,开始增加对工人以及其他弱势群体的关怀,不少国家通过反贫困战略对贫困人群进行援助。例如,1935 年美国通过《社会安全法》,为贫困人群提供大范围的社会援助项目,将解决贫困问题作为联邦政府的主要责任②。1964 年美国政府又发动"无条件向贫困宣战"的反贫困运动,通过反贫困立法和政策,对美国贫困问题的解决起到了重要作用③。20 世纪 40 年代到 60 年代末,英国通过拆除贫民窟、重建公共住房、分散人口和就业等方案,改善恶化的城市环境,缓解人口压力,并提高贫困人群生活条件④。此外,发达国家还通过转移支付加大教育投入,减少代际间的不平等。如日本在第二次世界大战后建立起 9 年义务教育制度,实行无偿教育,偏远地区和困难家庭还能享受额外的教育援助⑤。

  在社会保障方面,大多发达国家在工业化中后期建立起系统的社会保障体系。一般认为,社会保障制度起源于 19 世纪 80 年代的德

---

① 马国强:《经济发展水平、税收政策目标与税制结构模式》,《税务研究》2016 年第 5 期。
② 孙志祥:《美国的贫困问题与反贫困政策述评》,《国家行政学院学报》2007 年第 3 期。
③ 王庆安:《美国 20 世纪 60 年代反贫困运动及其影响》,《历史教学问题》2010 年第 6 期。
④ 袁媛、伍彬:《英国反贫困的地域政策及对中国的规划启示》,《国际城市规划》2012 年第 5 期。
⑤ 马陆亭:《教育投入政策的国际比较与我国改革重点》,《国家教育行政学院学报》2006 年第 12 期。

国。此时，随着工业化程度的加深，德国劳资矛盾严重激化，政府不得不出台一系列针对疾病、工伤和养老的保险法案，为低收入群体制定特殊的保障措施，缓解阶级对立的局面。其后，发达国家陆续效仿，通过政策制度和财政支出，开始社会保障体系的建设。经济大萧条时期，美国在凯恩斯理论的引导下，扩大了政府对经济的干预能力，通过财政赤字增加社会福利、兴办公共工程并进行失业救济。1934 年，罗斯福政府设立经济保障协调委员会，起草《社会保障法案》，为家庭安全、生活保障以及社会保障提供最低限度的承诺，使美国社会保障体系的全面建设得到进一步发展。第二次世界大战后，西欧各国在经济恢复以及高速发展的客观条件下，实现向福利国家的迈进。其中，英国在"贝弗里奇计划"的指导下，对第二次世界大战后英国的社会保障计划进行重建，逐步实现福利国家的建成；瑞典也因其完善的社会保障政策和措施，成为最为典型的福利国家。

随着工业化阶段的加深与完成，在劳资博弈变化的基础上，政府收入再分配的政治经济基础不断完备，其职能定义和手段也越来越成熟，对收入分配的调节越发有力，收入差距呈现缩小的趋势。

三 后工业化时期的政府收入再分配调节

在后工业化时期，现实表明，国际社会的收入差距再次扩大，贫富不均成为发达国家关心的首要问题之一。一方面，资本积累与技术进步，使得资本的边际收益不再递减，并呈现出规模报酬的垄断性特点；另一方面，劳动者内部由于劳动分工地位和人力资本投资的差异也出现分化。由此，劳资之间与劳动者内部都呈现出收入不平等加深的表现。与此同时，以税收调节、转移支付以及社会保障等为主的传统收入再分配手段却逐渐失去效力。尽管政府为了适应形势变化进行了诸多改革和尝试，但再分配的负面效应越发凸显。

首先，税收调节方面。现阶段，发达国家均将税收调节作为收入调节的主要手段，税制结构复杂，法律基础完备，但其对收入分配的调整作用正不断被弱化。尽管各国税收制度存在巨大差异，但发达国家均形成了以个人所得税为主的税收调节体系，来自个人所得税的财政收入占比不断攀升，使得发达国家财政体系对个人所得税的依赖程度大大提高。过分依赖个税，不仅会使得政府收入来源受到限制，影响政府行使政策的效力，还会损害个税对收入差距调节的效应，甚至影响到经济发展。此外，现行一系列的减税措施更利于富人、却难惠及穷人。以美国为例，自里根政府开始，到小布什政府，到今天的特朗普政府，减税政策都有利于富人，给予富裕阶级极大的操纵空间，降低税收的再分配效力。

其次，转移支付方面。发达国家已逐步形成以相对稳定而健全的制度体系为基础的政府转移支付体系，政府之间以法律为唯一支付依据，依法合理转移与监督，实行规范化的转移支付。尽管各国政府因历史政治背景、社会经济绩效、财权事权划分、财政支出规模等原因，其转移支付所达到的政策效果以及社会目标有所差异，但在实践过程中都面临着同样的问题，如财政压力过大、资金来源不足、资金使用不透明、绩效评价标准不统一等。中央与地方之间的信息不匹配，难以实现科学合理的财政转移支付，使得资金使用效率低下，损害经济绩效和社会绩效。

最后，社会保障方面。发达国家已实现完备社会保障体系的建设，尤其在部分欧洲福利国家，实行的是全方位、广覆盖、"从摇篮到坟墓"的社会保障服务。在社会保障水平由低到高、保障范围不断扩大的同时，政府和企业所承担的社会责任越来越多，使得政府财政支出与日俱增，一些国家甚至步入难以为继、只能破产的境况，过重的社保负担也制约了企业自身的发展，影响整个社会的经济绩效。同时，随着国际社会人口老龄化的到来，所需社会保障服务的数量和质量都在提高，社会保障体系受限于财力、物力等条件，却无法进行相应调整，劳动适龄人口减少给整个社会都造成严重危害。

可以看到，尽管政府的收入再分配已经形成较为成熟的政策体系和执行手段，但是在新的发展阶段下仍然会遇见新的阻碍、出现新的问题，削弱政府再分配的效力。最直接的表现就是后工业化时期发达国家的收入差距又开始扩大。发达国家的经验表明，随着工业化程度的演进，不同发展阶段会出现具有阶段性特征的收入分配问题。历史上看收入差距所呈现的先扩大—缩小—再扩大的变化过程，不仅受到经济发展阶段以及生产力与生产关系矛盾运动的影响，还受到政府在履行再分配职能并实施再分配手段的过程中，不断适应—调整—再适应的效应影响。能够适应发展阶段特征的政府收入再分配，才能对特定阶段具有较好的社会调节效果。但同时，过度依赖再分配的逆向调节作用也是相当危险，对经济发展和社会稳定都会造成一定冲击。

第四节 不同市场经济模式下的政府收入再分配调节

在一定的经济发展阶段，对市场经济模式的不同选择也会影响政府收入再分配的职能与手段。不同的市场经济模式，代表着生产关系在各个国家的不同实现方式，体现着现代经济社会的多样性，其中较为典型的市场经济模式包括以美国为主的自由市场经济模式，以德国为主的社会市场经济模式，以日本为主的政府导向型市场经济模式，以瑞典为主的福利市场经济模式①。各个国家在特有的市场经济模式下，对政府与市场的价值认识以及职能划分不同，从而影响到政府利用再分配对社会公平的调节手段。

一 自由市场经济模式与政府收入再分配调节

美国以自由竞争为主体的市场经济，是当今最典型、最发达的市场经济模式之一，其形成与发展经历了三次重要的时间段。第一个时间段是19世纪中后期，美国实现了农业国向工业国的转变，初步建立起自由竞争的市场经济模式，此后美国便进入经济实力迅速增强的高速发展阶段。第二个时间段是1929—1933年，自由竞争无节制的发展使美国最终爆发经济危机，美国经济陷入极度萧条，直至1933年罗斯福新政的实施，一系列国家干预措施在凯恩斯学派的引导下，被应用于美国经济重建并取得巨大成功。自此美国就由单纯的市场自由运行，转化为国家干预与自由主义相结合的混合经济体制。第三个时间段是20世纪70年代前后，整个西方经济陷入滞胀，美国在经济长期停滞的困境下，对经济刺激政策的长期效用产生怀疑，以货币学派和供给学派为主的西方学者们开始寻找新的出路。在这样的背景下，现阶段美国自由市场经济模式以自由竞争的市场环境、最小范围的政府干预等为主要特征。一方面，在自由主义的价值观念引导下，实行自由经济、自由贸易，推崇自由的企业制度，以生产资料私有制为主体，私有化程度极高，经济决策高度分散化；另一方面，政府在市场竞争中主要扮演裁判者的角色，利用财政政策和货币政策对经济实行间接性的调控，干预范围和干预效果较为有限。

最大范围的自由经济必然会带来社会不平等，在注重经济效率的

---

① 刘凤义、沈文玮：《当代资本主义多样性的政治经济学分析》，《教学与研究》2009年第2期。

自由市场经济下，美国政府对不平等的调整力度受到了制约。在各种再分配手段中，美国主要以税收为杠杆来调节收入差距。目前，美国已建立起以个人所得税为主体，医疗保健税、社会保障税、房产税、赠与税/遗产税、消费税等税种为辅助的税收体系。在征收体制上，美国区分联邦税、州税以及城市税，联邦税普遍地适用于国民，州税则根据收入来源地的不同，在税率上存在极大差别，部分城市还需申报城市税。对经济落后地区免征州税，对经济发达地区多征州税，有利于对区域间财富不平等进行调节，在抑制发达地区过快增长的同时，刺激落后地区经济发展。在征收手段上，美国实行申报制，建立了严格的纳税激励制度和税收监管制度，对守法纳税人享受更多优惠待遇，对偷漏税行为进行严厉制裁。

在转移支付方面，美国财政转移支付主要调节联邦、州与地方等各级政府间财政收入的余缺，是联邦收入对其余各级政府间的资金援助，包括一般性转移支付与特殊性转移支付。一般性转移支付以总额资助为主，联邦政府向州和地方政府提供财力援助，在不增加税收负担的前提下满足各级政府的支出需求。特殊性转移支付包括专项资助和分类资助，专项补助限定了资金用途，接受资助的州或地方政府需向联邦政府报备各项补助计划的执行情况；分类资助则利于简化项目管理，将同一类别的专项补助进行归类合并，在达到特定标准的前提下，其资金可以在功能区域更广泛的范围内使用。

在社会保障方面，美国建立起由社会保险、社会救济、社会福利三部分组成的社会保障体系。社会保险覆盖医疗、养老、失业、工伤与残疾等项目，通过政府立法强制实施，由雇员与雇主共同承担保费；社会救济和社会福利由联邦或州政府出资管理，通过现金补贴、医疗补贴、住房补贴等方式对弱势群体进行救助。

美国的再分配手段较在一定程度上可以降低初次分配带来的收入

差距(见图4—1)。但不可否认的是,目前美国是以基尼系数衡量的收入差距最大的发达国家,其内部收入分配结构也存在严重问题,这与美国崇尚自由、干预有限的市场经济模式相关,该模式下政府收入再分配调节力度不足。以税收为例,尽管现行的税收和福利安排有利于穷人,但富人也在申报式的征税体制以及名目繁多的税收优惠下获得极大便利,只剩下中产阶级承担着最多的社会压力,形成"中产重税、两端轻税"的不合理再分配格局。与此同时,税收改革受制于利益集团的阻挠、社保改革受到选民的支持率影响而举步维艰。因此,尽管美国的经济绩效远高于其余发达国家,但其社会绩效较低,受到贫富差距、劳资矛盾、社会稳定等问题的影响。

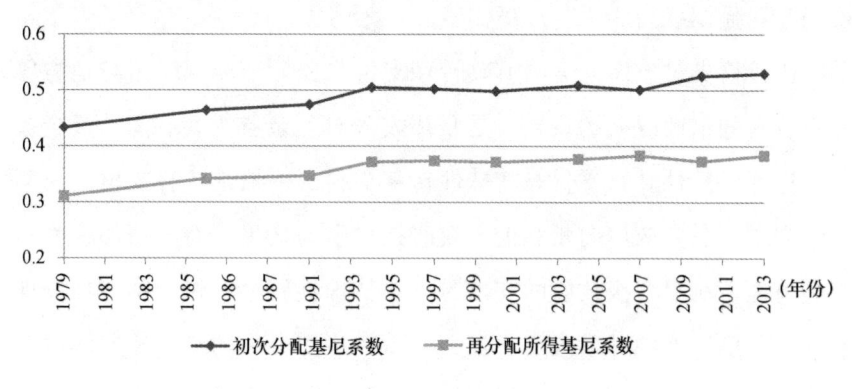

图4—1 美国基尼系数

资料来源:卢森堡收入研究数据库(Luxembourg Income Study Database),http://www.lisdatacenter.org。

二 社会市场经济模式与政府收入再分配调节

德国以社会市场经济为核心的社会市场经济模式,是在批判并结合资本主义的自由经济与中央集权的计划经济的基础上,形成的"第三条道路"。20世纪初德国便实现了资本主义工业化,并顺利过渡到垄断资本主义。第二次世界大战的失败,作为战败国的德国一分为二，联邦德国在美英法的占领下实行市场经济体制，民主德国在苏联影响下实行计划经济体制。在当时的社会背景下，经济大萧条证实了经济自由主义理论的失败，东欧的巨大成就使得计划经济受到学界追捧，强调经济运行秩序的弗莱堡学派提出，充分竞争的市场机制是实现效率、促进增长的最佳制度，但同时也需要国家积极干预，消除自由放任下的权力集中，削弱市场中的寡头与垄断。由此，第二次世界大战后德国为顺利转轨到和平时期，走上一条将市场自由与社会平衡有机结合的社会市场经济道路。东西德统一之后，德国由"福利国家"向"社会投资国家"转型，其社会市场经济内涵也在不断进行丰富，在坚持市场经济的前提下，提倡国家有限干预，并且强调社会公平。

在这种自由竞争与社会公平并重的社会市场经济模式下，德国政府相当注重收入再分配的调节作用。在税收调节方面，德国征税以直接税为主，实行以共享税为主、地方专税为辅的分税制，充分利用税收政策进行收入差距调节。共享税按照法律，在联邦、州、地方等政府之间进行调度和分配，能实现各级政府对财政收入的合理共享，协调各级政府间的财政关系。增值税是共享税中权重最大的税种，按照各州政府实际民众数量进行分配，实现各州之间财政平衡，调整地区间收入差距。同时，德国实行累进的个人所得税，并根据实际情况，对不同群体实行有差别的税收政策，更好地调节收入差距，例如，对雇员和雇主实行不同的减免政策，对单身纳税人和已婚纳税人也实行起征点不同的税收安排等。此外，还通过征收社会保障税、遗产税与赠与税等，进一步保障国民收入的分配公平。

在转移支付方面，德国一方面建立统一基金，利用资金转移和政策倾斜，主要援助民主德国地区，平衡合并后东西德之间的发展差异；另一方面则利用联邦对州、州对地方的纵向转移支付，以及各州之间的横向转移支付，平衡各州、各地区之间的收入平衡。还利用反贫困措施，针对性提高贫困家庭的收入状况。

在社会保障方面，德国不断完善并形成世界上最为发达的社会保障体系。国民社会保障事业涉及社会成员生活的各个环节，主要以社会保险为主，率先建立起人类第一个系统的社会保险体系并不断完善，形成了以失业、养老、医疗、工伤事故和长期护理五大保险为支柱的保障制度，并利用社会救济以及家庭补贴进行补充。

在和谐统一的社会目标和经济目标下，德国通过注重社会保障的再分配措施，实现了经济发展与公平分配的适度平衡，从而形成低水平的腐败、高度的创新力、高质量的劳动力以及高水平的资本存量。2005—2016年德国包括养老金的初次分配基尼系数大多在0.55左右，去除养老金的初次分配基尼系数也在0.35左右，而经再分配后的基尼系数下降到了0.3（见图4—2）。近年来，相对于欧盟的经济与政治的动荡，德国经济表现仍然相对强劲。尽管德国财政状况保持着一定的健康程度，但不可否认的是，若没有活跃的商业发展以及增长的社会财富作为物质基础，高水平的社会保障体系仍是影响国家财政状况乃至经济持续增长的重要原因之一，政府收入再分配的调节力度也将受到限制。

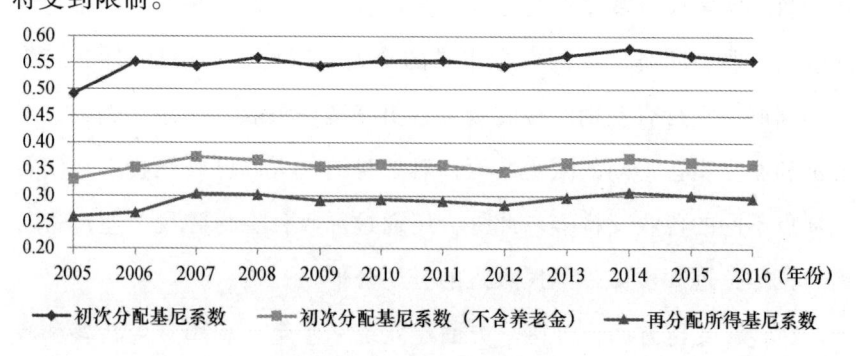

图4—2 德国基尼系数

资料来源：欧盟官方数据库（Eurostat, ec.ecropa.eu）。

三 福利市场经济模式与政府收入再分配调节

瑞典的福利市场经济模式介于资本主义与社会主义之间，国民实行广泛而普遍的社会福利。20世纪初，瑞典凭借丰厚的自然资源和国际市场需求刺激，基本实现工业化，并在私有制基础上完成市场经济体系的建设。20世纪30年代经济危机波及瑞典，为克服日益尖锐的社会经济问题，瑞典学派在带有社会民主主义色彩的小国开放型混合经济理论指导下，通过国家干预、社会福利以及工业出口等措施，促进就业、拉动经济并消除贫富差距。80年代初期瑞典进入自由主义的去管制时期，放松管制、消减福利、大规模私有化为主的政策，使得瑞典经济出现危机。直到1994年，社会民主党在坚持混合经济发展模式的基础上，以市场竞争机制为主，允许国家广泛干预经济，并进行完善的福利制度建设，使得瑞典经济快速复苏，实现经济绩效与社会绩效的均衡发展。2008年金融危机中，瑞典凭借优越的社会福利以及失业救济，采取一系列有利于完善福利、社会平等以及充分就业的有效政策，成为最为稳定的国家之一。

在这样"高福利、高工资、高税收"的市场经济模式之下，瑞典政府的收入再分配调节相当有效。在税收调节方面，瑞典通过建立以个人所得税为主的税收系统调节收入分配。对个人的资本、劳动、经营等所得，实行个人所得税超额累进制，个人收入的边际税率较高，典型白领要用近一半的收入缴纳税费。此外房产税、财产税、赠与税、遗产税、养老金税也发挥着重要收入分配调节功能[①]。

在转移支付方面，瑞典中央政府通过高比例的纵向转移支付，对省、市各级政府补给财力，包括援助地方财政收支差额的地方补助，

---

① 余致远、谷亚光：《瑞典的收入分配及其启示》，《当代经济研究》2012年第4期。

以及用于专门目的的专项补助等。各级政府间也通过横向转移支付，实现地区间的财政均衡。利用医疗保险、养老金、就业、教育、社会救助等转移支付，能有针对地缩小收入差距，促进地区间基本公共服务均等化。

在社会保障方面，瑞典的社保支出是政府公共支出的最主要部分，通过实行广泛而普遍的社会保障，为国民提供风险保护的降落伞，对国民基本生活进行保障。主要包括养老保险、失业保险、医疗保险、工伤保险以及社会福利等，不仅通过集体协议保险对职工提供基本保险，还可以利用个人协议保险自愿进行额外保障补充。

瑞典政府利用收入再分配手段，能将初次分配中包括养老金高于五倍、去掉养老金接近四倍的收入差距，下降到再分配后的两倍左右，全民共享无差别的福利公共产品提供，成为目前全球贫富差距最小的国家（见图4—3）。瑞典经验表明，经济发展取决于财富的创造以及公平的分配，政府可以通过政策目标设立，并利用再分配进行贫富差距以及福利产品的调节，实现国民较为均等的社会公平。尽管瑞典模式在生产领域中发达的市场经济建设，以及分配领域中有效的福利保障，均显示出不同于其他资本主义国家的优越之处，但这种模式

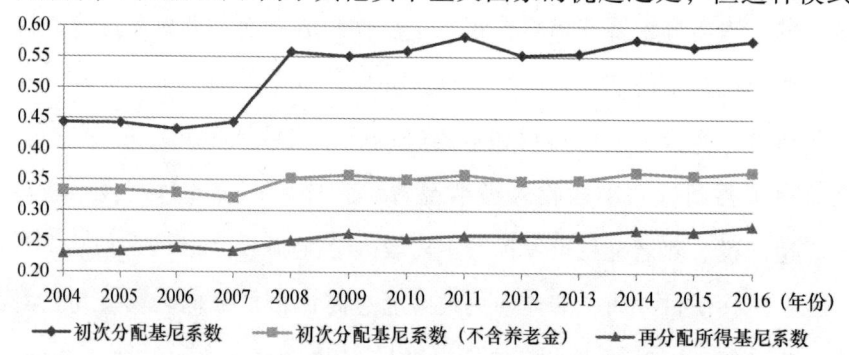

图4—3 瑞典基尼系数

资料来源：欧盟官方数据库（Eurostat, ec.ecropa.eu）。

并非完美。高福利使得国家公共支出庞大，财政赤字严重，通货膨胀加剧；高税收和高工资使得企业成本较高，削弱企业竞争力；个人所得税实行超额累进税，也会削弱国民的工作积极性。由此，建立在高税收基础之上的瑞典国家福利以及政府收入再分配职能，都将面临如何既不过分消减福利，又能继续实现经济成就的重要难题。

四　政府导向型市场经济模式与政府收入再分配调节

日本的政府导向型市场经济模式，主要表现为政府对社会资源配置较强的控制力，市场主体与公共部门之间存在紧密联系。1868年明治维新后，日本开始逐渐走向资本主义的发展道路，初步建立起市场经济体制。第二次世界大战后日本在美国的占领以及日方政府的积极配合下，进行非军事化和民主化的改革。此时，日本并未盲目照搬西方市场经济模式，而是根据实际条件，沿袭国家干预的传统，确定其在市场经济中的宏观调控作用，逐渐实现由统制经济向政府导向型经济的过渡。这种政府主导的市场经济模式，一开始的确使第二次世界大战后日本国民经济得到快速恢复，表现出持续的高速增长，创造了"经济奇迹"。但到了20世纪70年代，在美元危机以及石油危机的冲击下，日本开始步入低速不稳定阶段；90年代后经济泡沫破灭，又使日本进入长期停滞阶段；2008年，日本在金融危机的影响下再次受到重创。日本的政府导向型市场经济能将市场、政府与企业紧密联系起来，在市场机制充分发挥作用的基础上，政府执行特殊的"行政指导"功能，企业的私人决策计划需和公共部门紧密磋商，通过协商等方式诱导企业做出政府认可的行为，使企业的利润追求与国家的发展目标有机结合。

在政府主导型经济模式中，日本政府的任何行为都会对经济产生不小的影响，政府的收入再分配行为同样具有重要意义。在税收调节方面，日本实行以传统的直接税为中心的税制制度。将个人所得税作为调整收入分配的核心税种，利用较高的累进税率促使税后收入的平衡，同时利用的遗产税/赠与税等，以财产受益人个体为征收对象实行超额累进税率，对投资公益事业的财产给予税收优惠，尽可能地保障社会公平。

在转移支付方面，日本中央政府通过国库支出金、地方交付税、地方让与税和地方特例交付金等方式①，向地方政府提供转移支付，促进日本政府财权与事权的匹配。国库支出金是中央政府支付给地方政府具有特定用途的资金，能保障国家社会经济政策的实施。地方交付税是在强调地方独立性的前提下，对地方行政基本运营的资金资助，实现地方政府间财政均衡。地方让与税是中央为维护地方利益，将原属地方课税的中央税收入返还给地方。地方特例交付金则是中央填补地方资金不足的补充方式。

在社会保障方面，日本已建立起由医疗保险、收入保障、公共扶助和社会福利等支柱组成的社会保障体系，其突出特点在于实行普遍主义，强制全体国民参与保险，以便分散个人风险，从而为所有人提供无差别的社会保障服务，消除社会不平等与歧视。

在政府的再分配调节下，日本再分配后的基尼系数远低于初次分配的基尼系数，且二者间的差距不断扩大呈现出"剪刀手"的趋势，证明了日本政府收入再分配的有效性（见图4—4）。但同时也能看出，日本的初次分配系数在不断攀升，对国家经济增长与社会稳定造成潜在的威胁，这与日本市场经济模式本身有很大干系。日本模式突出了政府对市场经济整体的导向作用，实行对日本企业极高的控制度，进行过多过细的干预与保护。这在一定程度上使得市场过分依赖

---

① 刘琳、孙磊：《日本转移支付制度概述及经验借鉴》，《商业研究》2012年第3期。

第四章　国家在收入再分配中的作用

政府，失去抵御风险的能力。日本政府的再分配手段也存在弊端，对利息、土地及股票转让的税负远低于劳动所得，不利于企业创新和积极劳动。同时，随着社会的"老龄化"与"少子化"发展，日本社保体系也承受着巨大压力。

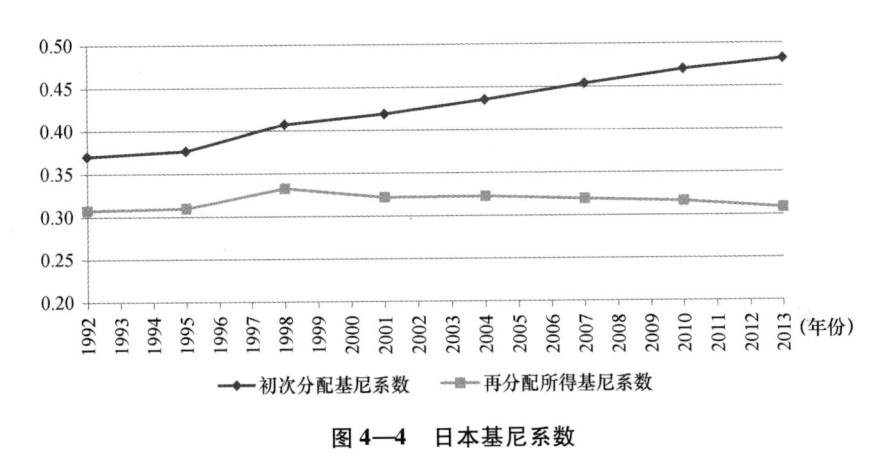

图4—4　日本基尼系数

资料来源：厚生劳动省政策评估办公室与政策评估办公室"收入再分配调查"，总务省统计局"国民消费调查"，http://www.mhlw.go.jp/wp/hakusyo/kousei/17/backdata/01-02-01-15.html。

通过以上国家经验表明，国家对市场经济模式的不同选择，将影响着政府的再分配过程以及国民的收入分配格局。一方面，不同市场经济模式的独有特征，会对市场经济的自然运作方式，产生一定程度的影响，从而产生不同的初次分配结果。而初次分配的具体结果，又影响着政府进行再分配时的决策范围和力度选择。若初次分配结果失衡严重，政府再分配的职能范围就应该扩大，包括但不限于税收调节、转移支付和社会保障等方面，并通过严格并强制的手段，加大对国民收入的控制；另一方面，不同市场经济模式中政府的职能范围存在差别，直接影响政府进行再分配的过程。越是自由的市场经济中，政府再分配的效果也会被削弱，对确保公平的社会保障体系和福利制度建设都会产生影响,从而使得国民可供支配的收入受到影响。

第五节　更好地履行政府再分配调节职能

一　中国收入分配领域的主要问题

改革开放40年来,中国经济社会发展取得了巨大成就,同时发展不平衡不充分的问题日益凸显。发展不平衡不充分在收入分配领域的表现就是中国居民收入差距扩大。依据国家统计局的数据,近些年中国居民收入基尼系数仍在0.46以上,属于收入差距较大的国家。目前,中国收入分配领域的问题,在宏观层面表现为国家、企业和家庭部门的收入分配格局不合理,在微观层面表现为收入分配差距扩大和分配不公平。其中,收入差距领域的问题比较突出的是以下几个方面。

一是居民之间收入及财产分布的不平等程度已经比较严重。改革开放前,中国居民收入分配的基尼系数始终保持0.3左右,其中,城市的基尼系数在0.2以下,农村的基尼系数在0.23左右。改革开放后,中国打破了传统的平均主义分配方式,坚持"效率优先"和"兼顾公平"的分配原则,居民的收入持续增加,但是居民间的收入差距也逐渐扩大了,具体表现为基尼系数较大。国家统计局公布的基尼系数,近十几年都在0.46以上,且在2008年到达峰值为0.491。不过,近年来基尼系数开始小幅下降,其中2012—2016年全国基尼系数分别是0.474、0.473、0.469、0.462、0.465。[①] 对于财产差距而言,相关研究发现,2002年居民间的财产差距基尼系数大致在

[①] 引自国家统计局。

0.54，到 2010 年已上升到 0.73①。近些年，中国居民间的财产差距仍然较大。

二是城乡居民之间收入差距和财产差距都较大。无论是从人均收入水平还是家庭财产占有状况来看，城乡之间都存在较大差异。就人均收入水平而言，2017 年全国居民人均可支配收入 25974 元，其中城镇居民人均可支配收入 36396 元，农村居民人均纯收入 13432 元，城镇居民人均可支配收入是农村居民人均纯收入的 2.71 倍②。就财产差距而言，2011 年家庭金融资产的城乡差距为 3.6，家庭资产净值的城乡差距为 12.4③。2014 年家庭财产净收入的城乡差距达到 12.66 倍，其中，城市家庭财富净值均值为 1467860 元（中位数：33340 元），农村家庭财富净值均值为 117928 元（中位数：20500 元）④。不仅是在财产总值、人均值、中位数等衡量方式下城乡居民的财产差距较大，而且在财富积累速度上农村更是远逊于城市。2017 年经过资产规模加权调整后的家庭总资产变动指数为 100.1，其中，城镇家庭总资产变动指数为 100.2，农村家庭总资产变动指数为 99.5⑤。说明平均资产规模较高的城镇家庭资产是增加状态，而平均资产规模较小的农村家庭资产则为缩水状态。一般来说，农村家庭更依赖于传统的收入来源，投资行为多限于储蓄方式，其财产收入的增量相对较少；而城市居民拥有更多的投资与收入渠道，能从积累的财富中获得更多财产

---

① 李实：《官方基尼系数存在低估，富人样本低是主要原因》，新浪财经，2016 年 11 月 19 日，http://finance.sina.com.cn/meeting/2016 - 11 - 19/doc - ifxxwrwk1463456.shtml.

② 引自国家统计局。

③ 费舒澜：《禀赋差异还是分配不公？——基于财产及财产性收入城乡差距的分布分解》，《农业经济问题》2017 年第 5 期。

④ 引自西南财经大学中国家庭金融调查与研究中心《中国家庭财产的分布及高净值家庭财富报告》，2014 年 1 月。

⑤ 引自西南财经大学中国家庭金融调查与研究中心《2017 年第一季度数据解读》，2017 年 5 月。

性收入。

三是财产差距扩大幅度超过了收入分配差距扩大幅度。公开数据表明,财产分布差距扩大幅度已超过了收入差距扩大幅度,部分个体财富积累速度很快,人均财富增加率达22%,其中房产价值增加率已达25%,而农村的人均财富增加率仅11%[1]。以往谈到贫富差距主要强调收入差距问题,然而随着社会经济结构变化以及个人财富存量变化,财产占有差距也逐渐成为导致贫富差距的重要原因。目前实体经济和虚拟经济的矛盾突出,人们发现资本赚钱越发容易,在股市、房市等获得回报的机会更大,相比而言,通过劳动获得的工资性收入增长幅度却不大。同时,中国税制不完善,个税政策对收入差距的调节力度有限,财产税和遗产税政策没有全面落实,社会保障和转移支付政策对收入差距的调节力度不够,还没有形成有效抑制财产差距扩大的政策体系。

四是中等收入群体比重偏低。一个社会要实现稳定和可持续发展,增强抗风险能力,需形成以中等收入群体为主体的橄榄型收入分配结构。目前,学者们对中等收入者群体的划分标准并没有形成共识。有学者认为以全国财产均值为标准,只有15%人群可视为中等收入者,其中64%来自城镇[2]。有学者将中等收入者界定为收入处于城镇居民25%—95%之间的群体,由此得出2013年中国城镇人口内中等收入群体比例为25%[3]。有学者以中国城市户籍人口的平均年收入为基准线,低于基准线50%以下的群体为低收入层,基准线50%以

---

[1] 王晓慧:《家庭财产性收入差距加速贫富分化,财产性收入加税呼声再起》,中证网,http://www.cs.com.cn/xwzx/ms/201505/t20150516_4712588.html。
[2] 罗楚亮、李实、赵人伟:《我国居民的财产分布及其国际比较》,《经济学家》2009年第9期。
[3] 李培林、朱迪:《努力形成橄榄型分配格局——基于2006—2013年中国社会状况调查数据的分析》,《中国社会科学》2015年第1期。

上到基准线3倍以下的人群为中等收入层,由此得到2012年中国城市中等收入群体所占的比例已达到46.02%,但其中仅有少数中等收入者达到"中产阶级"的生活水平①。尽管结论不一,但目前统一的看法是:中国中等收入者群体数量一直在增加,但是总数不足、比重较低、内部构成不稳定,且城市中等收入者的数量远高于农村。

二 收入分配问题产生的主要原因

当前的收入分配问题是多种因素共同作用的结果。深入分析导致收入差距扩大的原因,理清作用机制,是进一步研究缩小收入分配和财产占有差距问题的关键。本书认为如下几个原因值得特别关注。

一是"资强劳弱"的力量对比使得收入更多偏向于资本。在国内城乡二元经济结构下,过剩的农村劳动力为城市工业提供了相对充足的劳动力供给。劳动力,尤其是中低端劳动力供给的相对过剩,导致在劳动力市场中劳动力处于弱势地位。在资本雇佣劳动过程中,这导致的结果之一就是压低了劳动者的工资。由于中国的工资形成机制中缺乏完善的集体谈判等协调机制,在市场竞争条件下,分散的劳动力在被资本雇佣时就处于弱势地位。一些行业中,资本为追求更多利润,诱导或强迫劳动者签订不平等合约,具体的劳动过程中经常会出现过度劳动、劳动条件简陋、社会保障缺失等问题,劳动者的基本权益得不到保障。尤其是一些农民工、女性劳动者、高危工作劳动者等弱势劳动群体,由于相应法律制度执行不到位、工会保护存在缺失等,在劳资双方的收入分配博弈过程中往往处于劣势地位,使得收入更多偏向于资本。

二是一些体制机制因素影响了收入分配的结果。现阶段收入分配

---

① 李强、王昊:《我国中产阶层的规模、结构问题与发展对策》,《社会》2017年第3期。

体制机制不能平衡好公平和效率之间的关系，导致初次分配中劳动报酬过低，再分配调节力度不够，三次分配未能发挥积极作用。首先，税收调节政策不到位，个人所得税的税负负担主要落在了中等收入群体身上，没有形成综合性的个人所得税征收体系。另外，中国还没有建立健全财产税和遗产税征管体系，不能很好地调节高收入群体的收入。其次，财政转移支付体制改革推进缓慢，未能有效发挥财政转移支付对缩小贫富差距的作用。最后，城乡二元经济体制的存在，使得城乡在经济发展和公共服务等方面存在明显分割，城市和农村几乎处于不同的系统独立运行中，户籍壁垒限制了劳动力的有效配置。城市外来劳动力，尤其是农民工不能获得平等的就业机会、劳动报酬和社会保障，这不仅影响资源配置的效率，还加剧了收入分配不公、扩大了收入差距。

三是市场经济本身的缺陷强化了收入分配差距。在价值规律作用下，市场经济本身就会出现优胜劣汰和两极分化。收入差距扩大是市场经济追求效率的必然结果。现代市场经济中，适度的收入差距具有积极意义，不仅有利于资源配置、营造更高效的市场竞争环境，还对要素所有者产生有效激励。但目前，中国处于转型时期，市场经济本身存在缺陷，各类要素市场和竞争机制不健全，社会信用体系不完善，相关法律建设滞后，各类不规范行为层出不穷、屡禁不止，妨碍公平竞争，影响收入分配的公平性，客观上进一步扩大了收入差距。

四是要素禀赋占有和财富积累模式的差异性导致收入分配差距进一步扩大。在改革开放初期、平均主义被打破后，居民个人就拥有了不同的要素禀赋。随着社会主义市场经济的发展，以劳动、资本、土地、管理等生产要素按贡献和所有权参与分配的制度逐渐形成，竞争的市场环境使得资源可以实现最优配置，不同要素所有者根据拥有要素所有权的数量获得不同的报酬，此时就产生了收入差距。同时，不同的收入和财富积累模式也带来收入差距的扩大。例如，住房商品化后，近些年，随着房价的上涨，房价上涨的财富再分配效应使得买得起房或拥有多套住房居民的财产相对值增值了，而买不起房的居民的财产相对缩水。由于房产占中国居民家庭财产的平均比例在70%左右，故这种房价上涨的财富再分配效应，客观上进一步扩大了收入差距和财产占有差距。从现实情况看，要素禀赋、个人收入和财产占有之间存在关联的动态关系，其中一个发生变化，其余两个都会随之变化。这种变化还存在着一种加强作用，拥有更多禀赋的个人将会获得更多收入和财产，从而改变参与下一轮分配的禀赋差异，使之产生"穷人愈穷，富人愈富"的马太效应。

五是政府的发展战略和政策对收入差距也产生了重要影响。首先是政府制定的发展战略通常会重点强调对一些行业和地区的扶持，政策倾斜的行业和地区得到更好发展，与其余行业、地区的收入差距逐渐拉大；同时处于该行业或地区的个人将会获得更多的就业机会、政策优惠和收入回报，也会扩大居民间的收入差距。其次是政府对公共品提供的政策会影响城乡居民之间和城乡居民内部之间的福利水平。目前部分政策仅为解决基层政府的财力匮乏困境，而忽略了公共服务的提供在中央和地方之间的纵向不平衡，以及各地区之间的横向不平衡，一些地方政府对满足民生的公共品投资不足，公共品均等化目标没有实现，转移支付的作用没有真正发挥。基础设施和公平服务的不均等对地区之间、城乡之间和不同群体之间的收入差距具有一定影响。最后是政府对税赋和社会保障的政策也影响了收入分配差距。税收调节可以影响收入分配格局，社会保障可以增加个人的福利水平。但是，调节手段有限、力度不够使得税收调节并没有发挥应有的分配调节作用；不均等的社会保障措施反而扩大了不同收入群体之间的收入差距。

六是还有一些其他因素影响收入分配结果。如自然条件、历史原因等先天条件决定的地区差异，扩大了地区间的收入差距。例如，东部地区位处沿海、地理位置优越，因此交通便利、海运发达、对外交流便捷，其发展速度快于内陆地区，地区收入水平也高于中西部。又例如，武汉、成都等城市在历史上就一直为商贸重地，故这些地区的收入状况也好过中西部其余同级城市。由行业性质本身所决定的差异，主要体现在垄断行业的高收入水平上。垄断行业和企业凭借行政权力垄断、自然垄断等所形成垄断地位，获得了垄断性的权利和资源，拥有对产品定价的发言权，由此得到了丰厚的利润回报，成为加剧行业差距的主要原因。另外，社会中还存在一些寻租行为、腐败问题等导致了收入分配不公，也扩大了收入分配差距。

三 履行好政府再分配调节职能

对政府再分配的讨论，不能单纯依靠社会现状和已有措施进行就事论事式的探索，而是要结合对政府职能的价值认识、不同市场经济模式和社会发展阶段性特征等外部因素，从更广阔的视角进行政府收入再分配的制度设计和政策实施。本书认为通过对不同市场经济模式以及国际经验的借鉴，需要更好履行政府收入再分配调节职能。尤其要做好发挥政府在收入再分配中职能作用的顶层设计，改革和完善税收、财政支付和社会保障体制机制，进一步缩小收入差距。按照党的十九大报告中对收入分配问题的阐述，坚持按劳分配的原则，进一步完善按要素分配的体制机制，重点之一是要发挥政府在收入再分配中的调节作用。这就需要既要尊重市场，又要发挥有为政府的作用。

在现代市场经济中，市场在微观的资源配置领域应该发挥决定性作用，这样有利于提高资源配置的效率，但是也容易在价值规律的作用下形成收入的两极分化。要弥补市场缺陷和解决收入分配的两极分化问题，就需要政府在基础制度构建、基本社会保障、基本公共品均等化和转移支付等方面发挥重要作用。

第一，政府作为基本分配制度和分配秩序的供给者，应该负责在平衡效率和公平的基础上，构建既有利于经济增长，又有利于社会财富公平分配的制度。但同时应注意的是，公平的内涵具有具体性、相对性和历史性等特征，它反映着现阶段经济关系的社会形式，也经受着经济关系矛盾变动的影响。因此，效率与公平的关系处于一个动态发展的状态，二者间既有矛盾又有统一，合理的分配制度应考虑到这种动态平衡关系，根据转型期社会生产关系的变迁不断调整，以公平的市场竞争和平等的权利规则去促进社会经济效益的增长，以提高社会效率和发展生产力去实现公平分配的更多可能。

第二，政府需要构建合理的初次分配秩序，使得资本、劳动和国家都能够共享社会财富。初次分配通过市场机制，将生产过程的结果即国民生产总值在国家、企业和个人之间进行直接分配，决定着包括劳动者在内的各要素所有者的收入水平。从实际来看，初次分配在市场竞争机制和价值规律影响下产生的分配不公，难以利用再分配手段进行扭转，因此应从完善市场经济体系、健全要素价格机制、调整资源禀赋条件等方面出发，在初次分配过程中更加强调公平，使该过程同步实现资源配置调整优化的目的，让社会财富从分配阶段之初就能实现更大范围的共享。

第三，政府需要提供合理的社会保障，使得不同收入群体的居民都能够公平地享受医疗、养老和就业保险等方面的权利，保障居民能够"少有所教""病有所医""老有所养"。目前中国以社会保险、社会救助、社会福利为支柱，慈善事业、商业保险、住房保障、优抚安置等为辅助的社会保障制度基本框架已经形成，但受各方面制约尚处于渐进发展阶段。此时，政府需要不断强调并履行"保基本、兜底线、惠民生"的基本责任,同时持续进行并完善更加层次分明、价值多元、覆盖广泛的系统保障体系建设,使不同收入水平、价值观念、保障需求的个人或群体都能得到个性化、全方位的社会保障。

第四,政府需要实现城乡之间教育和公共服务的均等化,使得农村居民能够和城市居民一样享受相同的公共服务,降低因为公共服务不均等导致的城乡之间的收入差距。中国坚持在公有制基础之上的按劳分配原则,劳动者本身素质是影响其收入水平的决定性因素之一,城乡之间不平等的教育资源分布成为制约城乡收入差距缩小的主要原因。因此,政府再分配过程中应向农村地区倾斜更多教育资源,大力提升农村居民的个人素质和流动能力,使之配置到更有效的生产和服务部门,促使城乡劳动力市场实现融合统一。同时也要注重城乡基本公共服务均等化,在改进现有公共服务方式的基础上,实现公共服务机制的创新与扩张,满足农村居民更多更高的生存和发展需要。

第五,政府需要通过地区之间的转移支付和群体之间的转移支付缩小地区之间的经济差距和群体之间的收入差距。政府的转移支付对平衡经济发展和调节差距具有直接作用,因此政府可通过借鉴国际先进经验,从资金预算、用途、监管等多个角度切入,完善中央到地方以及地方之间的互助机制,最终真正落实到资源最为短缺的个人。同时,由于转移支付是一种无偿支出行为,它以负税收的形式将财政收入返还给个人,该过程会对政府财政系统造成负担,且不能直接创造出新的财富。因此政府必须进行科学合理的资金预算,使资源配置到边际效用更高的个人或边际产量更高的部门,影响其消费过程或生产过程,从而使供需双方在更高的水平实现均衡,最终实现生产和分配过程的双向优化。

第六,政府需要制定相关的法律法规,规范和鼓励各类慈善机构在帮助贫困地区或低收入群体解决就业、医疗、教育和基本生活保障等方面的作用。目前中国的第三次分配环节存在诸多问题,捐助水平不够高、资金使用不透明、救助机制不科学等都阻碍了该分配过程对初次分配和再分配的补充作用。因此,需要增强高收入群体的社会责任感,用法律规范慈善机构的相关行为。同时还要加强政府与机构之间的信息交流,政府主动承担起资金使用监督的责任,用政策引导机构进行最有效的救助行为,发动全社会力量为促进公平正义、实现共同富裕的目标而努力。

第六节 本章小结

履行好政府收入再分配调节职能,发挥好政府在收入再分配中的作用,是缩小收入差距的重要举措。从西方国家经验可知,政府再分配职能和手段会随着对政府职能价值认识、市场经济模式和社会发展阶段性的不同而演进。对于中国而言,要履行好政府收入再分配调节职能,从对政府职能价值认识角度出发,需要坚持马克思主义的政府职能认识论,批判地吸收和借鉴其他类型认识论中的合理成分;从市场经济模式角度出发,需要坚持和完善中国特色社会主义市场经济模式,合理发挥政府再分配职能;从发展阶段角度出发,需要根据国家经济发展与社会发展的阶段性特征对政府再分配的职能与手段进行适应性的调整。

第五章

国家在市场构建中的作用

第一节　引言

　　从定义上讲，市场既是一个交易的场所，也是一系列制度构成的集合。市场的形成，既可能是演化的，也可能是构建的。商品经济是以市场交换为前提的。高度发达的商品经济就是市场经济。市场经济的运行要以价格机制、竞争机制、信用机制和风险机制的有效运行来支持整个市场体系的运行。在市场经济的形成和运行中，尤其是市场的构建中，既要发挥市场主体的作用，也要发挥国家的作用。

第二节　市场构建和完善中的国家作用

一　西方经济学视角下市场构建和完善中的国家作用

　　西方经济学视角下，国家作用强调政府在整个经济社会中的应有作为与权限范围。随着生产力的发展与社会生产关系的变化，国家理论在思想变迁和社会实践的影响下不断地完善和调整。与此同时，市场经济中，国家的作用和职能观在"干预主义"和"自由主义"思潮的此消彼长中得以演进和发展。

古典自由主义始于十六七世纪的英国，代表观点由亚当·斯密提出，主张以经济自由促进资本主义的进一步发展，国家仅局限于充当市场的"守夜人"，最小范围干预经济活动。斯密是根据当时所处时代的历史和制度结构，认为市场自发调节比政府参与干预会有更好的结果。"萨伊定律"论证了"供给创造需求"的观点，进一步表明了，在完全竞争市场条件下，经济社会的总需求和总供给会自发均衡，生产不会过剩，就业始终处于充分就业率水平，因此国家干预没有必要。按照古典自由主义经济学者的观点，市场应该是自发形成的，是需要逐渐演化，国家的作用仅仅是充当"守夜人"的角色。

19世纪中期古典学派受到来自德国历史学派的批判，黑格尔哲学体系中关于国家广泛介入以发展资本主义的观点被历史学派所吸收。先驱者李斯特认为斯密经济学的缺点在于未顾及各个国家的自有利益，没考虑不同国家特殊的经济发展道路。由此提出"国家经济学"，研究"某一国家，处于世界目前形势以及它自己的特有国际关系下，怎样来维持并改进它的经济状况"[①]。其中特别指出当国家情况存在差异，落后国家应该实行保护制度，主要是征收关税、保护自有工商业。此时，对于后发国家而言，李斯特主义强调，对内市场中国家要担负起市场构建、产业扶持的作用，对外市场中要构筑有利于保护本国产业的贸易保护体系。

19世纪70年代后，新历史学派在继承历史学派国家理论的基础上，进一步拓展。其认为国家可通过制度与立法统辖所有家庭、城市

---

① 李斯特：《政治经济学的国民体系》，商务印书馆1961年版。

与社会团体。并且针对当时德国频发的劳工问题，不少学者如史泰因、谢夫勒、阿道夫·瓦格纳等提出实行社会改良政策，让国家职能"不仅仅是为了保护生命财产、抵御外敌侵略等，还包括发展教育、社会救济和增进社会福利"[①]，主张在国家内部建立社会政策的税收理论体系，以实现纯财政和社会公平分配的目标。新历史学派的观点中，国家在现代社会中的作用，是与市场同等重要的，国家在社会保障、税收体系等方面的作用是形成有效市场，同时弥补市场经济的缺陷。

20世纪30年代的经济大萧条意味着古典自由主义的终结。为了应对经济大萧条，罗斯福新政与凯恩斯革命应运而生，国家干预主义也从幕后走上了台前，并成为第二次世界大战后至20世纪70年代，西方国家的主流经济意识。凯恩斯从个体三大基本心理规律出发，认为危机的主要原因在于自由竞争条件下私人投资与有效需求的不足，市场经济难以自发形成充分就业的供需均衡[②]。此时，国家必须出手干预经济，通过实行负债支出、举办公共工程、改变租税体系等财政政策刺激消费与投资，同时辅以积极货币政策以调整经济。经济大萧条的发生，某种程度上宣告了自由主义市场主张的失败。凯恩斯主义的国家干预主义，实际上是自由市场的一个合理补充。市场在资源配置中具有基础性的作用，但是市场经济也存在信息不对称、信息滞后、外部性和公共产品供给困境等问题。要解决这些问题，需要国家干预，尤其是在市场构建中，国家在立法、执法，以及市场秩序维护和公平供给等方面需要发挥重要作用。

始于20世纪70年代的新古典自由主义，源于发达国家普遍的

---

① 汤在兴：《近代西方经济学史》，上海人民出版社1990年版。
② [英]约翰·梅纳德·凯恩斯：《就业、利息和货币通论》，经济管理出版社2012年版。

"滞胀"现象,使得一些学者对凯恩斯主义产生怀疑。新自由主义带来了"萨伊定律"的回归,认为市场经济本身是动态稳定且均衡的,经济波动来源于政府利用财政收支等手段妄自干预。尤其是货币主义学派的代表人物弗里德曼更是强调国家的角色应被严格限制,由此否定财政政策的长期效用,提倡实行"单一规则"的货币政策,从而充分发挥市场机制的自身作用。他通过对当时美国社会福利制度包括社会保险、住房补助、政府补助和医疗照顾等方面进行批判,提出负所得税计划保障低收入者得到政府补贴,实行教育券计划使教育进入市场供学生自由选择学校[①]。以弗里德曼为代表的新自由主义者,实际上是在维护市场原教旨主义,认为市场可以决定一切。但是,尽管弗里德曼强烈反对国家干预市场,但是他反对的是国家直接干预,对于国家参与市场的负所得税计划和教育券等计划,仍然需要国家的间接干预。这很好体现了在市场构建和市场完善过程中,国家干预主义和新自由主义对市场与国家的合理边界,以及两者如何有效结合的问题所持有的不同立场和观点。

新自由主义的另外两个分支也提出了对国家作用的不同看法。公共选择学派布坎南以"政府失败"作为分析国家职能的起点,认为政府本身也具有追求利益最大化的动机,市场的缺陷难以被政府弥补。但对于"带着出身进行市场比赛"[②],即机会不公,所产生的收入差距,他指出需要通过征收如遗产税、赠与税等转让税并实行公立教育等社会政策来消除。奥地利学派哈耶克从价格机制的经验分析角度,阐述了市场自然秩序的相对优越性,认为"政府的一切强制行动都必

---

① 米尔顿·弗里德曼、罗斯·弗里德曼:《自由选择》,机械工业出版社2008年版;米尔顿·弗里德曼:《弗里德曼文萃》,胡雪峰、武玉宁译,北京经济学院出版社2001年版。

② 布坎南:《自由的限度》,顾肃译,台湾联经出版社2000年版。

须限于对一般且抽象的规则的实施"①,即国家干预必须严格遵循可为和不可为的原则。他以福利国家的短视和低效出发,批评人为的财富分配和福利制度对个人自由的剥夺以及对经济发展的破坏,社会保障制度应与社会经济发展互相平衡并适应。从公共选择学派和奥地利学派的主要观点看,都是反对直接的国家干预的,甚至提出了"政府失败"等命题。但是,他们无论怎么反对国家干预,在市场构建和完善过程中,国家的间接作用他们还是承认的。例如,在收入差距调节和市场秩序维护中都需要国家给予支持。当然,哈耶克提出,市场中主流的秩序应该是自发秩序,而不是人为秩序。

此后,随着社会发展变迁和国家转型,市场构建和完善中,有学者还从制度主义、公共选择、后结构主义、全球化等新视角,继续对国家理论进行深入研究,推动国家职能观的丰富和发展。尽管在干预主义和自由主义的影响下,对于不同时期国家的作用的认识,不同学派因自身立场而有所区别。但西方学者仍然普遍承认"三职能说",即国家具有宏观调控职能、收入分配职能、监督管理职能。这些国家职能的发挥都是支持市场构建和完善,以及补充市场经济的缺陷的。

二 马克思主义视角下的国家与市场

马克思曾在《政治经济学批判 第一分册》(1859)的序言中,提出了"六册结构"计划。其中,明确将《国家》一册作为前三册理论的继续以及后三册逻辑形成的起点②,研究"资产阶级社会在国家

---

① 哈耶克:《自由秩序原理》,邓正来译,生活·读书·新知三联书店1997年版。
② 许兴亚:《马克思经济学著作的"六册计划"与〈资本论〉——读〈《资本论》续篇探索〉一书的思考》,《中国社会科学》1997年第3期。

形式上的概括"①，包括"'非生产'阶级、税、国债、公的信用、人口、殖民地、向外国移民"②。可见，《国家》本是马克思创作过程中计划的重要组成部分，可惜最终未能得以完整呈现。马克思有关国家的理论在马克思恩格斯很多著作中均有所体现。在吸收空想社会主义国家理论的合理成分以及批判继承资产阶级学者国家观的基础上，马克思主义国家理论坚持辩证唯物主义和历史唯物主义的方法论，科学地阐述了国家的起源与本质、职能和作用、发展和消亡等基本问题，为后世马克思主义国家理论的发展奠定了良好的理论基础。

国家的起源和本质是解决国家问题的关键，它决定了国家的职能和作用③，因此探讨国家的职能和作用，要从国家的起源和本质出发。马克思认为，国家源于社会，"政治国家没有家庭的自然基础和市民社会的人为基础就不可能存在。他们是国家的必要条件"④。同时，国家是一个历史范畴，与人类社会发展的特定阶段相联系，随着社会生产力水平和分工水平的提高而发展，是社会内部自身运动的结果，即"国家并不是从来就有的。……在经济发展到一定阶段而必然使社会分裂为阶级时，国家就由于这种分裂而成为必要了"⑤。因此，国家产生的脉络可总结为"生产力发展—社会分工—私有制—阶级—国家"⑥，它既满足解决阶级矛盾、维护统治阶级的需要，又符合管理公共事务、协调共同利益的要求，体现出冲突论和融合论辩证统一的二

---

① 《马克思恩格斯全集》（第30卷），人民出版社1995年版，第50页。
② 《马克思恩格斯全集》（第30卷），人民出版社1995年版，第50页。
③ 冯留建：《马克思主义国家理论与中国国家治理现代化》，人民出版社2017年版，第31页。
④ 《马克思恩格斯全集》（第3卷），人民出版社2002年版，第12页。
⑤ 《马克思恩格斯全集》（第4卷），人民出版社1995年版，第170页。
⑥ 冯留建：《马克思主义国家理论与中国国家治理现代化》，人民出版社2017年版，第32页。

重性①。在这里可以看出，国家不仅具有阶级统治职能，还有管理公共服务和经济职能。在资本主义市场经济中，国家除了维护资产阶级的统治外，还需要维护和支持市场经济的发展。例如，通过法治体系和信用体系支持市场经济的发展。

国家起源的二重性，使得国家本质也体现出阶级性和社会性辩证统一的二重性。在阶级性方面，为了解决社会不可调和的矛盾，缓和经济利益相互冲突的阶级矛盾，必须需要一种凌驾于社会之上的力量，"这种从社会中产生但又自居于社会之上并日益同社会异化的力量，就是国家"②。实际上，"国家无非是一个阶级镇压另一个阶级的机器，而且在这一点上民主共和国并不亚于君主国"③。因此，国家的存在是统治阶级用来维护其统治地位和经济利益的统治工具。在社会性方面，国家为了维系社会生活正常运行，避免社会崩溃或是解体，还要承担其他一些经济干预和社会管理的职责。市场经济条件下，国家对经济干预和社会管理的职责，实际上就是在市场构建和完善中发挥国家的作用。尤其是经过英国光荣革命、法国大革命、美国独立战争以后，欧美主要国家的资产阶级政权已经建立起来，资产阶级国家，一方面要维护阶级统治；另一方面要实现经济和社会发展。在资本主义市场经济中，为了国家利益和资产阶级利益，国家通过立法、主流意识形态、司法、国有企业、公共品供给和社会保障政策等影响和维护着市场经济的运行。在经济危机爆发时，国家还会通过国家的直接干预解救资本主义经济体系。

---

① 刘军：《马克思国家观的三大理论创新》，《河北学刊》2006年第6期。
② 《马克思恩格斯全集》（第4卷），人民出版社1995年版，第170页。
③ 《马克思恩格斯文集》（第3卷），人民出版社2009年版，第111页。

第三节 不同模式下国家在市场构建中的作用比较分析

一 美国统一市场构建中的国家作用

作为典型的联邦制分权式国家，美国各州均具有一定独立性。这种权利分割的政治制度，使得美国在建国初期面临地方分割、南北对立、贸易保护等问题，在国内统一市场构建中存在重重阻碍。而经过整个19世纪的建设与发展后，美国基本实现了发达、完善的国内统一市场。

尽管美国实行自由主义的市场经济，美国统一市场的形成并非完全是历史自然演化的结果，它不仅是资本主义经济发展的要求，还是积极发挥国家作用的结果，政府尤其是联邦政府在美国国内市场统一构建中扮演重要角色，具体表现在以下几个方面。

首先，完善法治建设为促进国内统一市场提供制度保障。国家为了消除市场分割现象，保证国内商品、劳动力、资本和资源在州与州之间自由流通，加强了相关法律法规的建设。对于国内统一市场的管辖权，美国联邦政府早在1787年颁布了《联邦宪法》，通过明确划分联邦和各州政府的权利范围，确立了联邦政府对贸易的优先管理权，要求关税在地域上实现统一，并有权对妨碍国内统一市场的行为进行调节。此外，对于劳动力的迁徙，通过"平等保护条款""优惠与豁免条款"等一系列保障，赋予公民平等享有公共服务的权利，逐渐实现人口的自由迁徙，有利于促进要素流动。对于垄断组织行为，通过颁布《谢尔曼法》《克莱顿法》等反垄断法，打击不公平竞争和虚假广告，限制巨型工商企业的垄断行为，规定严格的惩罚措施，防止垄断对竞争性统一市场形成的阻碍。另外，还通过完善的法院体系和联邦监管机构的建设，确保各类要素的自由流动，保障市场的公平竞争，为国内统一市场的形成提供制度基础和监管保护。

其次，基础设施建设为促进国内统一市场提供物质基础。19世纪以来，美国加快推动铁路网等交通运输的发展。一方面，国家加大对交通运输业的投资，以优惠贷款的方式对铁路等基础交通设施进行直接财政援助，并通过实施《土地赠与法案》进一步促进全国铁路网建设。据统计，1790—1909年私人、地方和联邦政府所支付的相关花费总计329533949.31美元，其中联邦政府支付40905877.31美元（约占31%）[1]；另一方面，为加强对铁路部门的监管，国家制定了《洲际贸易法》，有利于防止歧视定价和寻租行为，促进运费的公平合理，更好地发挥铁路运输的纽带作用。铁路网等交通运输的发展，缩短了空间和地域的限制，打破了自然条件的壁垒，加强了各区域之间的交流与联系，将各个区域市场在空间上真正统一起来，推进了社会化生产下的分工合作，大大促进了国内统一市场的形成。

再次，产业平衡发展为促进国内统一市场提供内生动力。市场中的各个企业组成不同产业，不同产业的发展状况会作为整体影响到市场本身的发展[2]。产业的平衡发展能够促进市场发展，成为国内统一市场建设的重要力量。为实现产业平衡发展，美国政府不仅为小企业提供必要的制度和政策保障，给予必要的经济和技术支持，激发企业的创新活力，提高小微企业市场竞争力。还通过明确国有企业的产业分布，并限制其获得财政补贴的资格，提高国有企业的经济效率，防

---

[1] Harold G. Moulton, *Waterways Versus Railways*, Boston, 1926, p. 67.
[2] 李黎力：《扩大内需战略下的国内统一市场建设——来自美国19世纪的经验》，《学习与探索》2012年第12期。

止与私有企业直接竞争①。就这样，美国通过保护小企业、改革国有企业，实现当时国内产业平衡发展，从而实现了国内统一市场的形成。

最后，国际贸易发展为促进国内统一市场提供外部推力。19世纪国际贸易的发展加强了美国与国际市场的联系，对美国国内市场造成巨大冲击，一方面扩大了市场范围，使得资本和商品的再生产过程不断扩大并顺利进行；另一方面加剧了竞争，迫使不符合市场要求的落后生产方式发生变革。面对复杂的经济形势，为防止欧洲商品潮的冲击，并发展美国民族工业，加速实现商业资本向工业资本的转变，美国在国家政策尤其是高关税的保护下，加速了国内市场整合和统一的过程，对促进美国市场经济的发展具有重要意义。

可见，美国在促进国内统一市场的过程中，既发挥了市场主体的作用，也充分发挥了国家作用，实现了高效、发达的国内统一市场的建设。

二　欧盟市场构建中的国家作用

为实现经济的复苏与发展，并应对激烈国际竞争，欧洲多国组成同盟，以欧洲经济一体化为目标，承诺内部形成一个不存在经济边界的市场，让成员国的商品、人员、劳务、资本完全自由流通。在欧洲单一市场构建的过程中，为实现欧盟共同的经济利益，国家发挥了重要的作用。

一方面，国家承担了在欧盟单一市场构建中法制协调的责任。作为一个成员国众多、影响广泛的区域性国际组织，欧盟仍然存在各成员国之间不同利益以及欧盟整体共同利益之间的博弈②。在单一市场

---

① 徐孝新：《美国统一市场建设实践及启示》，《当代经济管理》2016年第11期。
② 陈俊：《欧盟一体化进程中的立法协调》，《国际经济合作》2011年第6期。

构建的过程中，需要国家通过相关立法和法律制度来协调和平衡各种利益关系。首先是协调机构的建立，在一体化发展过程中，欧盟通过建立包括欧盟理事会、欧盟委员会、部长理事会、欧洲法院和欧洲议会在内的五大协调机构，完善司法决策的组织架构，规定相应权责范围和议事规则，相互监督并彼此制约。其次是法律体系的完善，不但通过颁布联盟法，形成在整体上规范并协调联盟机构与各成员国之间权利义务的相关条例、指令和决定；还推进了各成员国国内财产法、物权法等非合同责任领域私法的趋同，私法的趋同和协调能够有助于单一市场的运行；此外还通过一些反就业歧视和促进人口流动的立法，保障了市场融合统一过程中的机会均等，保证劳动力要素在欧盟范围内的自由流动。由此，国家通过法制协调，保证了单一市场构建中的共享、平等与民主原则，协调欧盟整体和各成员国的利益目标，规范各成员国间的经济行为，有序引导并实现经济一体化。

另一方面，国家促进了欧盟单一市场构建中的经济整合。单一市场构建是欧盟经济整合的重要目标之一，而欧盟实现经济整合又能反过来促进单一市场构建。首先是税收方面。各成员国在欧盟层面的法律制度和相关调控的引导之下，采取欧盟统一的征税制度，即实行强制统一的欧盟关税制度，规范了跨境所得征税制度，并修改了各国在生产和消费领域的征税制度。尽管现阶段所有成员国的税收制度已逐渐欧洲化，越发符合超国家的原则、规则和解释，但各成员国的具体规则和制度仍有所区别，因此欧盟税收整合的效果，仍因增值税、所得税、关税等税种的不同，而存在显著差异[①]。其次是货币方面。在欧洲中央银行以及各成员国的中央银行所组成的欧洲中央银行系统的管理下，在欧元区实行统一货币政策，稳定了利率和汇率，削弱了美

---

① 阿德里亚诺·迪·皮耶特罗、翁武耀：《税收整合和欧洲单一市场》，《国际税收》2014 年第 2 期。

元的核心地位，促进欧盟经济一体化进程中的经贸发展，使欧洲单一市场得以完善。最后是福利方面。欧盟各成员国的主要福利制度类型可分为三种模式，即自由市场经济福利国家、传统合作主义福利国家以及社会民主福利国家，福利传统的差异使得欧盟福利国家和社会政策的融合存在阻碍，时至今日仍是单一市场构建中的短板之一。但在欧洲层面提出的"开放协调法"等创新治理机制曾在解决社会贫困和社会包容等问题上颇具成效[①]。

可见，在欧盟经济一体化过程中，各国中央政府必须发挥关键作用，通过政府间利益关系协调，从而进一步完善欧洲统一市场的构建。

三　中国统一市场构建中的国家作用

建立全国统一市场，是中国经济体制转型过程中的重要目标。由于历史遗留、体制缺陷、地方保护等原因，国内市场仍未实现完全统一，目前的市场分割形式主要有以下几种：二元经济结构下城市与农村的市场分割；区域经济发展失衡情况下发达地区和落后地区的市场分割；市场化改革推进过程中出现的市场化程度高地区和市场化程度低地区的市场分割等。为了消除市场分割，建立国内统一市场，满足在全国范围内社会化大生产趋势，满足在商品经济高度发展基础之上各地区分工合作、市场融合统一的要求，国家在宏观层面、中观层面和微观层面都发挥了重要作用。

在宏观层面，首先，不断完善中国统一市场构建的制度安排。在坚持社会主义经济制度的原则之下，对不符合市场经济发展要求的行为进行规范，防止不合理的地方保护主义行为，打破地区分割和市场

---

① 沈汐：《从开放协调到经济治理：嬗变中的欧洲福利国家和社会政策一体化过程分析》，《社会保障研究》2017年第5期。

分割的藩篱，减少市场交易费用。其次，持续深化供给侧结构性改革。将提高全要素生产率作为解放和发展生产力的核心，将转变发展方式、优化经济结构、转换增长动力作为攻关重任，都是促进国内统一市场构建的关键手段。最后，进一步完善与市场经济相配套的基础设施。经过70多年，尤其是改革开放40年以来的建设，中国的基础设施水平得到极大提高，交通运输、通信设备和互联网等设施的发展，使得各地区和各市场的联系日益紧密，为国内统一市场构建提供物质基础。

在中观层面，国家在发达地区进行试点，率先实现市场一体化，对地区产业结构进行升级，促进区域经济的协调发展。例如，以长江三角洲和珠江三角洲地区为代表的发达区域，成为中国工业化与市场化的主要推动力量。地区或区域之间产业结构的发展竞争状况及其市场一体化程度，能直接影响到全国范围内的工业化与市场化进程，并促进全国范围的统一市场构建[1]。同时，政府利用区域政策，引导资本高效流动和资源有效配置，促进各地区或区域产业结构优化，形成比较利益基础之上的交易竞争，在发挥地方优势的前提下共谋发展，加速实现国内市场一体化。

在微观层面，政府始终强调市场运行的规范化，关注微观经济主体的市场行为，保障其参与市场经济活动的权利平等和机会均等。一方面，逐步打破户籍制度对劳动力迁徙的阻碍，利用就业政策促进劳动者就业，减少劳动力市场的就业歧视现象，各地区尤其是偏远地区也加大吸引人才落户的优惠和制度；另一方面，利用减税等政策使个人可支配收入得以增长，不断提高个体社会保障与福利水平，着力实现公共服务均等化。劳动力迁徙的摩擦减少，劳动力流动性大大增

---

[1] 保建云：《中国发达地区间的发展竞争与市场一体化——来自长江三角洲与珠江三角洲的经验证据》，《中国人民大学学报》2006年第3期。

强，使劳动力资源能有效配置到更高效的部门，也能带动资本、技术和资源的相应配置，进一步激发市场活力，为促进国内市场一体化提供内生动力。

现阶段中国统一市场的构建尚处于逐步完善阶段，还会经历漫长而曲折的发展过程，国家在稳消费和稳投资中必须发挥重要作用，促进形成强大国内市场，由此才能持续释放改革红利，从而带动中国经济转向高质量发展。

四 主要启示

通过研究美国、欧盟和中国在市场构建和完善中的国家作用的发挥，进一步用对比分析的方法阐释之前的理论。不同模式的市场经济中，国家在市场构建和完善中发挥的作用是不同的，这与一个国家的发展阶段、发展任务、主流意识形态和市场经济模式等相关。对于中国而言，我们还处于社会主义初级阶段，市场经济体制还需要不断完善。在构建和完善市场经济体系的过程中，要立足我国国情，依据我国发展阶段和发展目标等，辩证地处理好市场与国家的关系，充分发挥我国社会主义制度的优越性和市场经济的创造性，努力实现高质量发展。

第四节 本章小结

西方经济学和马克思主义经济对国家在市场构建完善中的作用的认识是不同的。在西方经济学中，古典自由主义、凯恩斯主义和新自由主义等对国家与市场关系的认识是不一样的。通过比较分析美国、欧盟和中国的实践和经验，在不同市场经济模式下，国家在市场构建和完善中的作用是完全不一样的。对于中国而言,要立足我国国情,依据我国发展阶段和发展目标,辩证地处理好市场与国家的关系,充分发挥我国社会主义制度的优越性和市场经济的创造性,不断发展和完善中国特色社会主义的现代化经济体系。

第六章

国家在"对外贸易"和"世界市场"中的作用

第一节 引言

现代社会中,国家具有主体性和利益性,尤其是对外贸易和世界市场中,国家的主体性和利益性表现得会更加明显。对"对外贸易"和"世界市场"中,国家不仅作为主体参与其中,而且作为后盾保护其企业和公民在世界市场中获得相关的经济利益。

第二节 "对外贸易"和"世界市场"中的国家主体性和利益性

马克思在"六册计划"中就提到"对外贸易"和"世界市场"[①]。尽管马克思对"对外贸易"和"世界市场"没有像《资本论》那样

[①] 杨圣明、王茜:《马克思世界市场理论及其现实意义——兼论"逆全球化"思潮的谬误》,《经济研究》2018年第6期。

系统论述，但是在其相关文献中可以收集到他的一些论述。一般来讲，"对外贸易"中马克思主要关注通过资本的生产和流通，以及在国家与国家之间形成的经济利益关系。这涉及生产的国际分工、商品的国际交换、国际汇率和殖民地等。在国家与国家之间的生产和交换关系中，国家的作用是非常重要的。尤其是在国际分工中，往往凭借国家的强弱和产业竞争力，一国可能成为宗主国，另一国成为其附属国；或者一国成为制成品输出国，另一国仅仅成为它的原材料产地和产品销售市场。

在"世界市场"的相关论述中，马克思论述到了国家价值规律、世界信用制度和竞争、对外资本输出、国际商品价值、资本主义各国的分工和危机等[1]。在马克思所论述的世界市场中，国家既是参与的主体，也是构建市场世界的重要力量。尤其是世界信用制度等世界性体系中，国家的参与非常重要。在主要资本主义国家分工中，国家也由于强弱被赋予了不同的世界市场范围。例如在欧美国家对其他国家的殖民地时代，就根据这些列强国家的传统势力范围，以及军事和政治斗争的结果瓜分世界，进行殖民统治。

无论是在"对外贸易"，还是在"世界市场"中，国家的作用和影响是非常明显的，也很好地体现了国家的主体性和利益性。国家的主体性主要表现为在"对外贸易"和"世界市场"中国家的主体性作用和立场。在"对外贸易"和"世界市场"中，国家在贸易规则、贸易保护、贸易利益和国际市场占有等各个方面都发挥着作用。在殖民地时代，发达国家直接通过军事干预和殖民地统治等完成宗主国与附属国的不平等贸易，在现代，通过不平等的世界交换体系，发达国家在国际贸易规则等制定中处于有利地位，维护着他们的特殊利益。

---

[1] 刘明远：《马克思经济学著作"六册计划"的总体结构与内容探索》，《政治经济学评论》2016年第4期。

尤其是现代的贸易规则和国际投资规则中，国家立场发挥了重要作用。美国作为世界最强大的国家，现存的国际贸易和投资规则都是以美国国家立场为基础的。如果规则不利于美国的国际利益，就会出现类似于美国总统特朗普的"退群行为"。

在"对外贸易"和"世界市场"中，还体现了国家利益的原则。从15—19世纪的"对外贸易"和殖民统治可以发现，国家与国家之间的交往，无论是采取和平的方式，还是战争的方式，目的都是实现本国利益最大化，具体表现为国家主体利益最大化，以及公民和企业组织等个体利益最大化。以美国为例，在南北战争结束后，美国取得了全国性的统一，为了保护本国的弱势产业，实行了贸易保护主义政策，直到第一次世界大战以后，才逐渐实现了自由贸易政策。这种对外贸易的转变就深刻地体现了国家利益的原则。第二次世界大战以后，政治上通过雅尔塔体系，金融上通过布雷顿森林体系，对外贸易上通过《关贸总协定》，军事上通过北约体系，美国成为世界领导者。第二次世界大战以后，尽管还有苏联和美国的竞争，但是1991年苏联解体后，美国成为唯一的超级大国。在这样的背景下，为了维护和保障美国国家主体的利益，以及美国跨国公司的利益，美国四处宣扬自由贸易，大力推行全球化。但是2008年金融危机以后，美国的综合国力有所下降，美国开始实施收缩性战略，对外开始实行有差别的贸易保护主义，对外国公司设置投资壁垒等。从美国的国家行为的变化可以看出，随着发展阶段和发展环境的变化，一国会根据自身利益调整"对外贸易"政策，对"世界市场"的参与和支持也会发生策略性改变。

第三节 "对外贸易"和"世界市场"中国家作用的具体化

在"对外贸易"和"世界市场"中,可以体现国家的主体性和利益性。以此为基础,国家在"对外贸易"和"世界市场"中的作用可以具体化。

一 提供安全性保障

在"对外贸易"和"世界市场"中,国与国之间的贸易和投资为什么能够顺利进行,原因是国家通过政治影响力和军事影响力,以及国家之间的协议和国际公约的约束,可以保障国家之间、企业组织之间和公民个体之间的交往是有序的,利益是可以得到有效保障的。此时,国家的作用往往是显性和隐性相互结合的。显性的体现在具体的合约和规制方面,而隐性的体现在一国在世界范围内的真实影响力。例如,现阶段美国的跨国公司在全世界范围内的投资和贸易是没有其他国家敢于通过政治和军事手段干预的,而美国经常凭借"国际警察"的角色,利用国内法制裁其他国家、外国企业和个人等。

二 参与国际协定和规则制定

如果说 15—19 世纪的殖民地时代,国家参与"对外贸易"和"世界市场"时,主要体现的是血与火、智慧和力量的较量的话,那么现代国际社会中,一个国家参与"对外贸易"和"世界市场"的程度并不是天然获得的,很多是通过历史因素、现实斗争和参与式谈判等方式获得的。在国际社会奉行"丛林法则"的现实情况下,一些

第六章　国家在"对外贸易"和"世界市场"中的作用　　*111*

强大的国家往往通过主导和参与国际规则的制定，或者参与国际交流平台的建设，争取的相应的发展机会，获得相应的国家利益。如加入 WTO 等，需要参与谈判。获得谈判权本身依赖于一个国家的历史地位和现实影响力。在具体的谈判中还需要国家与其他国家，以及与 WTO 组织本身进行长期的具体细节谈判。只有谈判进入 WTO 的成员国，才能享受到 WTO 框架下自由贸易的好处。在世界市场上，所谓的自由贸易，仅仅是签订了双边协定、多边协定和国际协定的国家和地区之间，才可能有自由贸易，才可能进入对方的市场。"对外贸易"和"世界市场"中，自由的空间，既与国家间竞争和较量的结果有关，也与产品和服务本身的竞争力有关。所以，"对外贸易"和"世界市场"中，不能只单纯看到市场的作用，还要看到国家之间的竞争和较量。

三　直接参与国际经济交往

从历史角度看，"对外贸易"和"世界市场"中，国家可能就是国际经济交往的直接参与者。现代社会中，国家参与国际经济交往的方式，可能是通过暴力的方式，也可能是通过和平的方式。资本主义社会初期，暴力方式是非常重要的参与方式。在亚当·斯密所处的古典主义时代和马歇尔所处的新古典主义时代，都主张"小政府，大市场"。但是，如果回顾历史，这种"小政府，大市场"的主张主要是在国内实施的。15—19 世纪，在对外贸易和世界市场中，到处是荷兰、西班牙、葡萄牙、英国和法国等统治者派出的贸易商队、探险队，以及军队。一方面以国家任命为代表的贸易商队在世界各地参与商品交易；另一方面利用军队保护本国的商队，以及直接派遣军队占领落后国家的领土，通过殖民统治来获得原始积累的资本和攫取财富。

第二次世界大战以后，主要的殖民地和半殖民地国家都实现了民族解放，实现了国家独立。从此以后，国家直接参与国际经济交往的方式，主要是以和平方式为主，有时也会辅以军事手段等。国家与国家之间的经济交往，主要通过双边谈判等完成基本的合作框架，然后是部门谈判形成具体的合作框架，企业组织之间的谈判完成具体的项目实施。目前，各国国家元首和政府首脑访问他国签订的很多双边协定，以及带领的庞大商业访问团就是具体的例子。"对外贸易"和"世界市场"中，没有国家为其开路和搭桥，一国企业单凭自身努力是很难进入其他国家内进行贸易和投资的。

四 提供国际性和区域性的公共产品和服务

在"对外贸易"和"世界市场"中，为了实现国家利益，参与国需要共同努力提供国际性和区域性的公共产品和服务。国际性和区域性的公共产品和服务，可能是一些国际规则的制定，也可能是提供区域性的安全保障或交流平台等。在15—19世纪的殖民地时代，这些国际性的规则等主要靠国家的强权获得。历史上，荷兰、西班牙、葡萄牙、英国和美国等国家担任过世界霸主的地位，他们根据自己国家的利益制定了相关的规则，并要求全体参与国执行。但是，第二次世界大战以后，越来越多的民族国家得到了解放和独立，国家之间的交往越来越趋于形式意义的平等。这时，国际交往过程中，哪个国家掌握了全球性领导权或者地区性领导权，就可能会倡导并制定相关规则，在提供全球性公共产品和服务的同时，最大限度地实现国家利益最大化。以美国为例，第二次世界大战以后，美国在经济、政治、军事和科技各个领域居于世界第一的位置。美国联合主要的发达国家形成了利益共同体，一方面对抗苏联，另一方面在利益共同体内部提供军事安全、经济援助、政治支持和国际规则等，实现了美国利益的最大化。1991年苏联解体后,美国成为了世界上唯一的超级大国。美国开始充当起"世界警察"的角色,通过经济、政治、军事和技术等手段干预发展中国家的事务。在此期间,美国实际上是提供了价值理念和国际规则等一系列的国际性和区域性的公共产品和服务。当然,这些公共产品和服务主要是为美国利益,以及为美国为首的发达国家集体服务的,也间接地为融入世界体系的其他国家服务。

在地区中,一个国家如果要成为地区性的领导者,也必须提供地区性的公共产品和服务。当然,这些领导力主要还是来源于其综合国力。为了维持这种领导力,提供地区性的公共产品和服务就是必然的。这些地区性的领导型的国家这样做的目的也是获得国家整体利益,或者企业组织和公民的个体利益。

现在的"对外贸易"和"世界市场"中,不同类型的国家对国际性贸易组织和地区性贸易组织的参与度越来越大。因为,在一项贸易规则的谈判中,如果一国被排斥在外,这个国家就会损失巨大的经济利益。以北美自由贸易区为例,美国倡导的北美自由贸易区谈判,赢得了加拿大和墨西哥等的积极响应。这么做的目的就是建立有利于本地区和本国发展的自由贸易体系,从而获得更多的经济利益。这种区域性的公共产品的供给,成为一个国家在对外经济关系中面对的一个重要挑战。

五 提供国内产业和政策支持

在对外贸易中,一国如何获得最大的经济利益,经济学家提出了不同的理论。如大卫·李嘉图提出的比较优势理论、迈克尔·波特的竞争优势理论等。无论是比较优势理论,还是竞争优势理论,都需要国内产业发展的支持。比较优势理论更强调国家之间贸易交换的基础是资源和产品的比较优势,而竞争优势理论强调国家之间贸易交换的基础是"五种竞争力量"形成的产业竞争力①。尤其是一国要获得对外贸易的竞争优势,需要资本、劳动、技术、资源和国家基础设施质量等要素条件,这些要素条件中,一些是天然形成的,另一些需要国家发挥作用来形成,如高质量的基础设施和高水平的人力资本等。按照迈克尔·波特的理论,具有强大国内市场的企业,才能够开发出新产品来,以及具有相关配套产业链和支撑产业时,才能形成国家在对外贸易中的竞争力。

可见,要获得"对外贸易"和"世界市场"中竞争优势,不仅需要资源禀赋条件,还需要国家在教育、技术、基础设施和产业链等方面进行大规模的投入和有效扶持。以中国为例,2001年12月,中国正式加入WTO。以此,中国对外贸易实现了巨大增长。目前,中国已经成为全球第一大进出口货物贸易国。尤其是在出口方面,中国也位居世界前列。为什么中国在加入WTO以后获得了如此巨大的成就。这不仅取决于较好的国际环境和世界主要发达国家对外贸易的需求扩张,也取决于中国企业在改革开放中逐渐成长壮大,还取决于中国政府在基础设施、教育、科研和制度基础设施方面取得的较大进步。这些进步有力地支持了出口导向型企业更加容易获得资本、劳动力、技术和公平竞争的市场环境等,形成了比较优势或者是竞争优势。

另外,较好的政策支持也是激励出口导向型企业参与对外贸易,占据一定的世界市场的有效保障。这里的政策主要涉及财政政策、货币政策、产业政策和对外经济政策等。财政政策,主要是通过转移支付等方式支持外向型企业发展,可以获得一定的竞争优势。国家通过

---

① 五种竞争力量是指"新加入者的威胁""购买者(客户)的议价力量""取代品(或服务)的威胁""供货商的议价力量""现有竞争者之对抗态势"。参见迈克尔·波特《国家竞争优势》,中信出版社2007年版。

优惠贷款，以及低汇率的货币政策，可以使得本国企业获得低成本融资，或者是保持低成本的价格优势。第二次世界大战以后，韩国的电子产业和造船业等，为了获得国际竞争优势，韩国政府联合大银行等给予相关企业较多的转移支付和低息贷款，有力地扶持了电子工业和造船业的发展，使得韩国在电子工业和造船业领域成为重要的出口国。产业政策也是如此。日本、韩国和新加坡等后发国家，利用产业规划、产业选择、产业扶持等方式在相关领域聚集优势，最终形成了独特的国际竞争力。对外经济政策，对于外向型经济体也是非常重要的。在"对外贸易"和"世界市场"中，企业是重要的主体。企业为了获得对外贸易的好处，需要开拓新的原材料市场和产品销售市场。从发达国家的经验看，仅仅凭借企业自身的力量是很难在全世界获得较好的原材料供给和产品销售市场的。一般而言，国家通过政治、经济、文化和军事外交手段，与目的国签订一系列的协定，帮助本国企业走出去扫清基本的障碍，具体的运营层面的事务则需要企业具体操作。一国的对外经济政策，对一国企业走出去发挥着非常重要的作用。以美国为例，美国通过国家的政治、经济、文化和军事外交手段为美国的大型跨国公司奠定了较好的国际发展环境。美国的大型金融跨国企业能够进入其他的金融市场，是需要美国政府与其他国家进行谈判的。只有国家之间签订了基本的金融合作框架协议后，大型跨国金融企业才可能进行具体谈判进入他国国家的金融市场进行营业。总之，从发达国家的经验看，通过对外贸易的交往，可以帮助企业获得"对外贸易"和"世界市场"的巨大空间，通过国家对内的产业和政策支持，可以获得竞争力优势。

六 承担最后担保人角色

在"对外贸易"和"世界市场"中，为了支持本国企业顺利

"走出去",国家往往要承担最终担保人角色。这种最终担保人的角色主要体现为几个方面。一是国家为特定出口企业或对外投资企业提供的资金担保。资金担保,一般是通过国家控制的银行系统或担保体系等完成的。另外,一些国家为了获得其他国家的投资和增加本国产品出口,也会以国家方式出资支持相关产业发展。例如,在大航海时代,为了获得海外的珍贵物品、黄金和殖民地,欧洲的西班牙王室、荷兰王室等相继支持了航海家出海,或者为航海家提供资金担保等,极大地促进了当时航海业的发展,也极大地帮助欧洲主要国家寻找到了海外殖民地,解决了原料产地和商品销售市场问题。目前,一些发达国家,为了支持本国企业获得"对外贸易"的优势,在全球性和地区性的合作和交流中,会以国家贷款和援助的形式来支持东道国的发展,以此来换得本国企业进入东道国市场的机会。此种方式,第二次世界大战以后,日本企业为了进入东南亚等国家的产品市场,获得投资机会,采用了大量的国家贷款和国家援助等方式,为日本企业进入东南亚相关国家铺平了道路。

二是国家的信誉担保。一国的企业信誉是国家信誉的重要内容。企业的名牌和质量是形成企业信誉的重要支柱。一国具有很多较好的高信誉的企业,也意味着该国在制造业和服务业领域具有较好的国际信誉。当前,国际社会的外交都是务实外交,重点在政治利益和经济利益方面。就经济利益而言,通过国家间的协议,或者是通过国家信誉保证,承诺为对方国家提供高质量的产品和服务已经常态化。如国家之间签订的双边协定和多边协定,以及国家间在具体领域的合作,实际上除了具体的合作内容外,也是通过国家信誉为企业的发展提供一种隐形担保。信誉不高的国家,一般来讲获得的国家合作也相对较少,其企业获得的国际合作也相对较少。所以,凭借一国的综合国力和国家信誉,开展国际合作,在此基础上开展企业间和公民间的合作已经是国家交往中的新形式。

第四节 "对外贸易"和"世界市场"中国家作用的英国经验及启示

一 英国的实践及经验

英国作为工业革命时期最发达的国家，以及通过全球扩张和殖民统治等成为"日不落帝国"。第二次世界大战后，其世界霸主地位逐渐被美国所取代。它的发展历程具有典型意义，研究其"对外贸易"和"世界市场"中国家的作用具有一定的历史借鉴意义。

16世纪是英国资本主义的原始积累时期，在国内，通过"圈地运动"等获取了资本主义发展所需要的土地和劳动力，对外则进行了海外掠夺和殖民贸易。为了获得足够的财富，英国王室、新贵族和资本家等资助航海家、商队和军队等对外进行贸易和殖民统治。例如，伊丽莎白一世赞助F.德雷克掠夺原属于西班牙的美洲殖民地，并进行黑奴贸易等。为了解决英国商队出海和远航的束缚，以及争夺西班牙的海外殖民地，1588年，英国海军战胜西班牙的无敌舰队，成为新的海上霸主。在当时的对外贸易、殖民地统治中，哪个国家控制了制海权和航海线，谁就可以保障本国商船的安全。所以，在早期的殖民贸易中，国家的军事力量等是保障商业利益的重要依托。

1688年英国爆发了光荣革命，1689年英国议会通过了《权利法案》，进一步限制了王权，奠定了英国的君主立宪制的政体基础。之后，逐渐掌握政权的新兴资产阶级实施了一系列发展和壮大资本主义工商业的政策，并积极扩张海外殖民地，寻找原料产地、商品销售市场，并掠夺殖民地的各类财富。18世纪六七十年代，英国开始了传统手工工场向机器大工业的转变阶段，即工业革命拉开了序幕。工业革命时期，英国最早实现了蒸汽机等机器对人力的替代，以及大规模工厂生产对人工作坊的取代。随着蒸汽机、煤炭、钢、铁等新动力和新材料的发明，英国逐渐成为工业革命的火车头。工业革命实现了英国的强大，也确立了英国的世界霸主地位。在这样的背景下，英国的棉纺织业等需要寻找到新原料产地和世界销售市场。英国凭借"刀与火"的军事力量在全球范围内建立了庞大的殖民地体系，最大时其殖民地面积是英国本国面积的100多倍。同时，通过商品贸易等，英国获得了自由贸易的好处，使得英国成为当时最大的贸易国。可见，工业革命时期，以及之后的英国，在"对外贸易"和"世界市场"中，既通过工业革命中形成的先进技术和产品占领世界市场，也通过英国的国家力量建立起来庞大的对外贸易和世界市场体系。

正因为建立在工业革命基础上的产品竞争优势和建立在英国国家力量基础上的全球殖民贸易体系，以亚当·斯密为代表的英国古典经济学家主张自由贸易。亚当·斯密所主张的自由贸易是建立在英国具有"对外贸易"的优势基础上的，对其他国家未必适用。当时仍然处于相对落后状态的德国，由于并没有完成工业革命，也没有取得巨大的技术进步，以李斯特为代表的德国历史学派就反对德国实施自由贸易政策。他们认为在发展程度和技术水平等不对等的情况下，实施自由贸易只能是有利于英国这样的先进国，他们主张德国应该保护"幼稚"产业，实施贸易保护主义政策。当时的德国政府确实也采纳了李斯特等人建议，通过国家扶持等发展本国的工商业，并通过贸易保护主义保护本国的产品和市场。经过一段时间的发展，德国确实也成为当时欧洲重要的工业国。

英国的自由贸易政策是帮助英国实现了繁荣还是逐渐丧失了工业

垄断地位，也是有很大争议的。但是，从英国的殖民统治中获得解放和独立的美国，通过保护主义政策，极大地发展了生产力，并且在1894年，美国的GDP超过了英国。同时，实施保护主义政策的德国，逐渐发展壮大起来，并逐渐开始调整英国的世界霸主地位。1914年爆发的第一次世界大战，以及1939年爆发的第二次世界大战，在欧洲战场上，英国和德国都是主要的敌对的参战国。尽管，第一次世界大战和第二次世界大战中，英国都是战胜国，德国都是战败国，但是战争也耗费了英国的大量物力、财力和人力。尤其是第二次世界大战后，英国已经丧失了世界霸主的地位，甚至为了恢复战后发展，还接受了美国的马歇尔计划，接受美国的经济援助。第二次世界大战后，英国统治的殖民地也相继获得了独立，形成了新的民族国家。受到战争破坏和殖民地瓦解等的影响，英国在"对外贸易"和"世界市场"中逐渐走了下坡路。

第二次世界大战以后很长一段时间内，尽管英国还是一个重要的资本主义大国，但是其影响力大不如前。在"对外贸易"和"世界市场"中，美国的企业成为主导力量，后来的日本和中国等也相继成为"对外贸易"的新兴国家。值得一提的是，1973年英国加入欧共体，1993年欧共体改为欧盟，但是英国一直没有加入欧元区，在金融体系上也保持了相对独立性。这是英国考虑国家利益的必然选择。由于在欧盟中，英国的发展受限，并没有获得较好的国家利益，2016年6月23日，英国举行了"脱欧"公投，并以52∶48的微弱优势完成了"脱欧"投票，并启动了与欧盟的"脱欧"谈判。至今，英国与欧盟的"脱欧"谈判一直在艰难进行。

二 主要启示

我们从英国"对外贸易"和"世界市场"的历程可以得到一些

启示。第一，国家在"对外贸易"和"世界市场"中发挥着巨大的作用。例如，对外殖民统治时代，英国国家通过军事、政治、外交和经济手段等获得了较大的对外贸易利益，通过占领殖民地攫取了大量的财富。第二，随着发展阶段和国家实力的变化，一国在"对外贸易"和"世界市场"中的作用也发生动态变化。国家强盛时期，该国从"对外贸易"和"世界市场"中获得的利益就多，否则就会减少。第三，国家在"对外贸易"和"世界市场"中始终实现本国利益最大化的。对于英国来说，无论是加入欧共体，还是进行"脱欧"，目的都是为了维护对外贸易中的国家利益。第四，一国到底是实施自由贸易政策，还是贸易保护主义政策，也是由其综合国力和竞争优势决定的。英国如此，美国也如此。第二次世界大战后，美国取代英国成为最强大的国家，此后一直推行自由贸易价值观，但是2008年金融危机以后，尤其是最近几年，美国处于国家利益考虑，反而开始实施了一系列贸易保护主义政策。

第五节　本章小结

按照马克思在"六册计划"中的提纲，"对外贸易"和"世界市场"是非常重要的，这体现了马克思对两者的重视。从理论上讲，"对外贸易"和"世界市场"是资本积累，以及完成价值增值和价值实现的重要途径。从历史经验看，"对外贸易"和"世界市场"中发挥国家的作用，这既是源于实现的需要，也是体现国家主体性和利益性的需要。在"对外贸易"和"世界市场"中，国家的作用是可以具体化的，包括提供安全性保障、参与国际协定和规则制定、直接参与国际经济交往、提供国际性和区域性的公共产品和服务、提供国内产业和政策支持和承担最后担保人角色等。以英国的发展历史来看，在"对外贸易"和"世界市场"中，国家的作用是随着发展阶段和国家综合国力的变化而变化的，也是由其国家利益最终决定的。

第七章

国家在消费中的作用

现代社会中，消费、投资、进出口是拉动经济增长的重要力量。主要发达国家的经验表明，在完成工业化和城市化以后，消费已经成为推动经济增长的最主要动力。在消费结构升级和消费水平提升中，关键是要发挥市场的作用，但也不能忽视国家的作用。

第一节 计划经济体制下和市场经济体制下国家对消费的不同作用

按照马克思的理论，消费是整个社会再生产中的重要环节。生产、交换、分配和消费之间的关系是构成社会生产关系的重要环节。消费，包括生产性消费和生活性消费。在消费环节，是市场发挥主要作用，还是国家发挥主导作用，是有过不同实践和争论的。苏联时期，国家在生产、交换、分配和消费各个环节处于主导地位。在生产性消费领域，国家控制了生产和分配体系，通过计划经济体系来分配物资，生产性消费也受到国家战略的影响。为了建成现代化强国，生产性消费资料优先投入到军事国防工业和重工业等领域，而轻工业领域的生产性消费资料投入相对较少。这主要与当时国家主导的计划经济体制下，重工业优先发展的战略有关。居民的生活性消费也受到当时的生产体系和分配体系的影响。计划经济体制下，生活性消费资料的获取都需要通过劳动，并通过配给制等完成，消费的数量和丰富度都不高。

与传统的计划经济体制不同，市场经济体制下，无论是生产性消费还是生活性消费都是由市场供给的。在市场中，企业生产什么，怎么生产，为谁生产，生产多少，均是企业自主决策。通过价格机制、竞争机制、信用机制和风险机制，市场可以实现稀缺资源的优化配置。其决策的后果，无论是盈利还是亏损都由自己承担。对于企业所需要的生产性消费资料，企业主要通过在各种要素市场中去购买和获得。例如，企业需要钢材和水泥，它只需要在建材市场上购买即可。在生活性消费领域，家庭居民通过交换自己拥有的要素所有权可以获得相应的要素报酬，如劳动获得工资、资本获得利得、土地获得地租、技术获得专利费用的，然后在生活性消费品市场上购买所需要的各种消费品。在市场经济体制下，国家不直接控制和干预消费，仅仅为消费的顺利实现提供支持性保障。

可见，在计划经济体制和市场经济体制下，国家在消费中发挥的作用是不同的。在计划经济体制下，国家直接控制和干预消费，而在市场经济体制下，国家仅仅为消费的顺利实现提供必要的制度等支持。中国由计划经济体制转变为市场经济体制的过程，也充分说明了国家在消费中的直接作用正在向间接作用转变。

第二节　现代社会中国家对消费的作用

现代市场经济中，国家对消费，尤其是生活性消费也可以发挥一定的作用①。

一　调节收入分配影响居民的消费水平

现代经济学理论中，其他条件不变的情况下，可支配收入是影响消费的重要因素。所以一个国家要提高居民的消费水平，不仅要做大 GDP 这块蛋糕，还要分好 GDP 这块蛋糕。在收入分配格局中，国家通过税收获得收入，企业通过利润获得收入，家庭居民通过要素所有权获得收入（各类要素中份额最大的一般是劳动）。初次分配中，分配格局是否合理，既取决于市场经济的作用，也取决于国家的作用。例如，现行的税收体系，以及企业和居民的税赋负担都是由国家制定的税法等决定的。另外，企业和家庭部门所获得的收入的比重，也与国家协调资本和劳动关系的相关法律相关。一般而言，如果税收法律体系偏向于国家和企业部门，家庭居民部门获得的收入占比就会下降。如果在初次分配格局中，家庭居民部门获得的收入占比相对下降，那么居民整体的消费水平必然会下降。在家庭居民部门内部，居民通过拥有的要素所有权获得相应的报酬，如资本获得利得，劳动获得工资、自然资源和土地等获得租金，技术获得专利费用等。按要素贡献获得收入时，国家制定的法律体系对资本、劳动、自然资源和技术等不同要素的重视程度不同，也会体现为各类要素获得的收入份额的不同。如果一国法律是资本偏向型的，那么资本获得的收入份额就较高，其他要素获得的收入份额就相对减少。尤其是如果劳动获得的份额在下降，那么一般居民家庭主要通过劳动获得收入，那么整个社会的收入分配中劳动获得的份额就会减少，导致全社会的消费不足。所以，一个国家对收入分配公平性的价值理念和法律体系等都会影响

---

① 生产性消费主要是生产资料的再生产，与前面讲的经济增长有一定的联系，故此处仅论述国家在生活性消费中的作用。

收入分配的结果,最终会影响一国的消费能力。

在再分配过程中,国家通过税收政策、转移支付和社会保障政策等都会影响收入分配的结果。从发达国家的经验可知,通过累进型个人所得税、遗产税、财产税等政策可以在一定程度上调节收入分配差距。但是,国家是否愿意实施严格的税收调节政策,既取决于国际的税收竞争体系,也取决于执政者的价值理念。例如,美国小布什政府和特朗普政府都实施过大规模的减税政策,但是真正从减税政策中受益的主要是富裕阶层,这样的政策就与执政者的价值判断和所代表的利益集团的利益相关。转移支付政策是国家调节收入分配差距的重要手段。转移支付政策是效率导向型的还是公平导向型的,将会影响转移支付的内容和所覆盖的群体。从北欧和日本等国家的情况看,社会保障制度是国家实施的,可以有效调节收入分配差距的关键性政策。但是,城乡二元的社会保障政策,可能并不利于收入差距的缩小,反而会扩大收入差距。实施怎样的社会保障政策,也涉及国家的价值判断和政策实施体系。

从以上的分析可见,无论是初次分配领域和再分配领域,国家都会通过政策体系或直接参与分配等影响收入分配的结果。而收入分配的结果又会影响一国消费的最终水平。

二 提高商品和服务的供给数量和质量

现代社会,消费越来越多样化,消费的质量要求和个性化要求也越来越突出。一国的消费能力能够提高,某种程度上也取决于该国所能提供的产品和服务的数量和质量。以中国为例,计划经济时代,由于受到重工业优先发展战略的影响,生活性消费品供给不足,主要依靠配给制完成。国家为了控制全国的消费水平,将非公有制的商品供给者,如个体和私营等经济主体全部"消灭"了。这导致,一方面是生产环节生活性消费资料生产不足，另一方面是流通环节生活性消费品的供给不足。改革开放以后，国家逐渐放开了生产环节和流通环节的生活性消费品的供给，才出现了日渐繁荣的乡镇企业，以及后来的民营和外资企业等竞争性供给的局面。放弃传统的计划经济体制下的供给模式，采用市场化的供给模式，极大地解放和发展了生产力，带来了物质产品和精神产品的极大丰富，基本满足了人们的物质和精神生活需要。

新时代，随着中国社会主要矛盾转变为人民日益增长的美好生活需要与不充分不平衡发展之间的矛盾，消费问题的主要矛盾在供给侧。当前，中国消费品和服务产品的供给已经非常丰富，但是消费品和服务产品供给也存在很多问题，如质量安全问题、品牌问题、质量问题和满足个性化需求问题等比较突出。这些问题主要是供给侧的问题，即供给侧没有随着需求侧的变化而变化，仍然停留在以量取胜的初级阶段。如何完成消费品领域的供给侧改革，除了依靠市场中价格机制、竞争机制和供求机制外，还需要国家在政策制定、质量和安全督查、品牌建设等方面给予更多的支持。第二次世界大战以后，日本和韩国的发展也遇到过类似的困境，它们通过有效市场和有为政府的共同作用，缔造出了相关产品的高品质和高世界知名度。在提高消费品和服务产品的质量和品牌和竞争力等方面遇到的困境，中国可以借鉴日本和韩国的经验。

三 提供消费所需要的制度基础设施

现代社会中，消费对经济增长的贡献度越来越大。发达国家的经验表明，工业化和城市化完成后，消费就成为拉动经济增长的主导力量。要使得消费成为拉动经济增长的主导力量，除了做大GDP蛋糕和分好GDP蛋糕外，还需要建立有利于消费的制度基础设施。首先，构建统一的大市场是一国形成强大消费力的前提。一个国家的消费能力有多大，既要把供给侧做好，提供高质量、高安全性和良好品牌的产品和服务，也要打通市场流通的各个环节，形成统一大市场。例如，美国在结束南北战争以后，联邦政府做了一件非常重要的事情就是通过法律体系构建起来了南北统一的大市场，最终形成了美国国内强大的消费能力，并通过贸易保护主义政策等大力发展本国产业，最终形成了自己独特的竞争力。

其次，形成公平竞争和有序竞争的市场秩序。良好的市场秩序，可以保障卖方乐于供给，买方乐于购买的良好局面。如果一国的市场秩序是混乱的，市场上的各类产品鱼龙混杂，消费者就不会相信这个市场本身，减少购买，或者转向外国市场购买等。所以，建立健康、公平和有序的市场秩序对于促进消费是非常重要的。国家通过立法和执法，监督和惩处等可以建立良好的市场秩序。以美国的二手车市场为例，二手车市场被人们认为是"柠檬市场"，经常是劣币驱逐良币。为了维护良好的二手车市场交易，一方面是经销商通过创新信息的沟通方式来解决买卖双方信息不对称和不完全的问题；另一方面国家通过立法等严惩欺诈，降低了交易成本。最终，美国已经形成庞大且运转高效的二手车市场，促进了二手车的消费。

最后，维护消费者的合法权益。在买卖过程中，由于信息对称和不完善，消费者往往处于劣势地位。生产者和销售者凭借庞大的专业团队，可以最大限度地获取消费者剩余。但是，消费者在购买和使用产品和服务过程中，由于产品和服务的质量问题等，往往会受到损害。此时，如果没有严格的消费者保护法，以及生产者和供给者严格的惩罚等，消费者往往处于被动的劣势地位。例如，一些跨国性的互联网企业，会向您定向地推销其各类服务产品，但是不会告诉消费者，它们正在收集消费者的私人信息。以及购买豪华车的消费者，并不知道车辆的质量到底如何,等问题车辆被曝光出来后,生产者和经销商往往处于强势地位,对于消费者的合理要求没有给予合理答复或补偿。在买卖双方势力对比不均衡的情况下,需要政府制定严格的法律法规来限制非正当牟利行为,保障消费者的合法权益。一个国家与消费相关的法律体系越健康,对消费者的保护越到位,这个国家的消费能力就越会被极大地激发出来。欧美等发达的经验表明,完善的消费权益保护体系和健全的法律救助体系是保障消费者权益的关键,也是做大做强国内消费市场的关键。

四 提供公共产品和公共服务影响居民的消费水平

一个国家的公共品和公共服务的供给数量和质量也会影响一国的总体消费水平[①]。国家对公共品和公共服务的供给主要通过两种途径影响居民的消费。一是通过提供支持消费体系的基础设施和基础服务影响居民消费。一国的道路、交通、信息网络、商业网络、仓库物流和商业咨询等的发达程度都决定了一国是否能够降低交易成本,提高消费的便利化程度,扩张消费网络。这些基础设施和服务,除了市场供给一部分外,国家的供给是非常重要的。尤其是基础设施的完善程度、信息网络和安全等都是现代消费体系得以发展的基础条件。以互联网电商平台为例,国家支持的网络基础设施建设和网络教育水平,以及市场提供的与之相配套的运输、物流和仓储等是实现网络电商繁荣发展的关键。以中国和印度为例,两国都是人口大国,中国是世界的"制造工厂",印度是世界的"软件办公室",但是,印度的网络电商的发展程度并没有中国高。中国的网络电商的发展程度,已经可以与美国相媲美。原因就是中国在道路、交通、网络、物流、仓储和

---

① 沈坤荣、刘东皇:《是何因素制约着中国居民消费》,《经济学家》2012 年第 1 期。

相关人才储备方面具有竞争优势。这些优势的取得，既依赖于相关市场的供给，也依赖于中国在基础设施和公共服务方面长期投资取得的巨大成就。

二是通过提供的教育、医疗、社会保障等公共产品的数量和质量来降低居民的公共支出，影响居民的实际收入水平，进而影响整体消费水平。在资本主义发展的初期，教育、医疗和社会保障等都主要是劳动者自己负责。劳动者要完成劳动力的再生产，既需要为自己和后代的生活性消费支出买单，也要为自己和后代的教育、医疗和养老等买单，这种成本是非常昂贵的。由于资本主义积累带来的两极分化，以及劳动者长期处于相对贫困状态，由此导致资本主义社会的阶级矛盾非常突出。历史上爆发的三大工人运动，"法国里昂丝织工人起义""英国宪章运动""德国西里西亚纺织工人起义"都是工人为了争取基本的生存权利和基本工资而斗争。为了缓和阶级矛盾，欧美等资产阶级国家逐渐改善了劳动者的工作环境，提高了生存工资，逐渐提供一些社会福利。其中，1942年，英国的贝弗里奇爵士为英国政府提交的《社会保险和相关服务》的报告，又称《贝弗里奇报告》[①]。《贝弗里奇报告》作为标志性事件，开启了国家参与和提供社会保障服务的新历程。

第二次世界大战以后，福利国家逐渐成为进一步缓和阶级矛盾，提高社会保障水平的一种新形态。尤其是美国的罗斯福新政期间，国家创办了和资助了很多的公共事务机构来实施和落实一系列的社会福利政策，强化了国家对经济生活领域的干预，保障了经济社会的有序

[①] 福利国家逐渐成为进一步缓和阶级矛盾，提高社会保障水平的一种新形态。《贝弗里奇报告》提出了社会福利的三原则：普享性原则，即所有公民不论其职业为何，都应被覆盖以预防社会风险；统一性原则，即建立大一统的福利行政管理机构；均一性原则，即每一个受益人根据其需要，而不是收入状况，获得资助。他提出的这三原则至今具有重大的影响意义。

运行。随后，英国、法国和一些北欧国家也先后建立起了现代的福利国家制度，为劳动者提供教育、医疗、住房、失业和社会保障等各个方面的保障，极大地缓解了阶级和社会矛盾。但是，20世纪70年代以后，英国等国家迫于国家财政负担等问题，逐渐削弱了社会福利的程度，相反，瑞典等北欧国家却一直为劳动者提供高的社会福利。当然，现代的社会福利制度，不仅依靠国家供给，还将国家、市场和个人三者有效地结合起来，实现收支平衡和福利最大化。这种"全民保障""全民医疗""人民福利"的高福利体系，有利于削减居民的公共事务支出，降低劳动者的支持负担，打消其消费的后顾之忧，可以将节约的资金用于其他消费。相关研究也支持了这一结论①。

五 构建现代信用体系扩张消费

现代市场经济中，信用扩张为消费扩张提供了新动力。信用扩张既需要市场各类主体的参与，更需要国家在基本制度构建中发挥重要作用。一些发达资本主义国家，信用扩张和信用消费已经成为促进消费扩张的新动力。为什么消费信用会大规模扩张？主要原因有两个方面，第一，有效消费需求不足需要消费信用扩张来弥补。在资本主义的私有制下，资本积累的必然结果是两极分化，资本家越来越富有，甚至可以富可敌国，而劳动者则越来越陷入相对贫困的境地。以美国为例，美国的收入和财富不平等程度已经越来越严重。2013年，美国财富差距达到了30年来的峰值，高收入家庭的财富是低收入家庭的70倍，造成美国财富差距扩大的主要原因是富裕家庭财产的过快增长和中产阶级收入停滞②。美国中产阶级财富规模下降和财富不平等程

---

① 贺京同、那艺：《调整政府支出结构 提升居民消费意愿——一个财政政策视角的分析》，《南开学报》（哲学社会科学版）2009年第2期。
② 王晓真：《美国财富差距达30年来峰值》，《红旗文稿》2015年第2期。

度上升的主要原因是房价暴跌导致房产财富在家庭财富组合中的比重下降和高的财务杠杆率使得很多家庭处于"入不敷出"的境地[①]。除了美国以外,很多学者研究发现英国、德国、加拿大等国家的财富差距和不平等程度也在不断扩大[②]。财富差距和不平等程度会抑制消费扩张[③]。在财富和收入不平等的情况下,支持消费的收入不够,通过国家、企业、金融机构和家庭居民等参与构建的现代消费信用制度可以一定程度上解决消费不足的问题。还是以美国为例,20世纪90年代,"互联网泡沫"破灭后,为了支持美国经济的持续增长,美国政府瞄准了房地产行业。但是,由于贫富差距大,低收入者没有购买力。美国政府利用财政资金支持建立了"房地美"和"房利美"两家政府背景的企业来为中低收入者提供住房。为了支持商业银行给中低收入者贷款,美国政府出面给予政策鼓励。商业银行为了化解次级贷款的违约风险,与投资银行合作把次级贷款打包成次级债券,经过产品创新和评级机构定级等把次级债券卖到了全世界。当然,次债危机爆发后,对美国经济和世界经济造成了严重影响。

第二,顺利实现商品销售,完成资本周转。马克思在《资本论》中就讲到资本循环公式 G—W—G′中,W—G′是惊险的一跃。只有商品顺利的实现销售,才能完成一次资本周转。资本周转速度越快,越

---

① E. N. Wolff, "Inequality and Rising Profitability in the United States, 1947—2012", *International Review of Applied Economics*, 2014, 29 (6): 1—29.

② R. Morissette, X. Zhang, "Revisiting Wealth Inequality", *Perspectives on Labor and Income*, 2006, pp. 6; J. Frick and M. Grabka, "Wealth Inequality on the Rise in Germany", German Institute for Economic Research Weekly Report, No. 10, 2009; F. Bastagli and J. Hills, "Wealth Accumulation in Great Britain 1995—2005: The Role of House Prices and the Life Cycle", London School of Economics and Political Science, LSE Library, 2012; L. Arrondl, L. Bartiloro and P. Fessler, et al., "How Do Households Allocate Their Assets? Stylised Facts from the Eurosystem Household Finance and Consumption Survey", Central Bank of Luxembourg Working Paper, 2014.

③ 巩师恩、范从来:《收入不平等、信贷供给与消费波动》,《经济研究》2012年第S1期。

有利于企业获得更多的利润。现代信用扩张，包括消费信用和企业信用的扩张，一方面是为了加快资本周转；另一方面则是为了保障资本周转的链条不断裂。以消费信用为例，企业生产出商品后，如果能够卖出就可以收回货币，重新投入生产，保障资本周转的可持续性。如果企业生产的商品不能在市场上顺利售卖，企业要自己承担损失。赊销和消费信贷是企业扩张商品销售的重要途径。但是，赊销有一定的风险。而通过信用制度，将企业、消费者和银行等联系起来，企业可以卖出商品并获得资金，消费者通过借贷买到商品，银行放出贷款并获得利息。这样，消费信贷的扩张就成为多赢的合作模式。但是，如何保障消费信贷的安全可靠？这既需要通过市场化的方式来防范和化解违约风险，也需要国家通过法律法规和政策措施等保障各方的利益。消费信贷已经成为现代社会解决生产的相对过剩，扩张消费需求的重要工具。当然，这也会带来信用风险积累，进而影响经济的安全性和稳定性。

六 通过进口政策调节居民的消费

国家在消费中的作用，还体现在通过进口政策影响居民的消费水平。一个国家为了实现经济增长，一般会倡导出口，愿意实现更多的贸易顺差。以古典经济学时期英国的重商主义为例，他们就主张一国通过贸易顺差获得财富，并禁止金银外流，鼓励金银流入，并主张政府对农业和商业的管制，以及对外贸易的垄断。重商主义的主张主要为了维护在原始资本积累时期英国商业资本阶级的利益。但是，这种主张也说明了国家通过进出口政策可以影响一国的财富积累。后来，大卫·李嘉图提出的基于比较优势的贸易理论，以及迈克尔·波特提出的基于竞争优势的贸易理论，都强调了进出口对一国经济发展的好处。总体的经验仍然是贸易顺差是更加有利于一国相对财富的增加的。为此，在对外贸易政策中，各个国家一般积极地鼓励出口，而对于进口却非常谨慎。为了保护本国产业发展，一国往往会通过关税壁垒和非关税壁垒等限制其他国家产品进入本国。例如，日本为了保护本国农业产业，通过关税壁垒和非关税壁垒限制欧美等国家的农产品完全进入和部分进入日本国内市场。这样的政策，一方面保护了日本农业生产者的利益；另一方面则可能会使得日本居民并不能享受到外国物美价廉的商品。在生产者利益和消费者利益，以及国家利益之间进行平衡，一直是一国进口政策制定的重要依据。

一国的进口政策，可能会给本国居民带来质优价廉的商品，但是也可能会使得本国相关产业丧失销售市场，甚至破产等。所以，从英国的重商主义、德国的历史学派、美国学派和美国新保守主义政策都可以看出，进口政策是国家非常重视的对外经济政策，它关系到本国的产业利益和消费者利益的权衡。以美国总统特朗普的对外贸易政策为例，之前美国高举自由贸易的旗帜，主张自由化、市场化、全球化。但是，特朗普总统执政后，一改第二次世界大战以后美国对外贸易中"自由主义卫士"的形象，开始与加拿大、墨西哥重新谈判北美自由贸易协定，与中国、日本、印度和欧盟等开始了贸易摩擦，以税收优惠和行政命令等要求美国资本返回美国等，甚至鼓励美国企业和居民购买本国产品等。特朗普的对外贸易政策，实质是在"美国利益优先"的战略思考下，重新调整了进出口政策，尤其是进口政策，加强了对其他国家产品的关税壁垒和非关税壁垒等，目的是扭转美国贸易长期顺差的局面，同时实现美国的再工业化，支持就业和经济增长等。可见，一国的进出口政策等本质上是为本国的国家利益、企业利益和个体利益服务的，当它们之间发生冲突时其他利益要服从国家利益。

第三节 国家在消费中的作用：
日本的经验与启示

一 日本的实践及经验

第二次世界大战以后，日本在美国的"庇护"下，经济发展取得了较大成就，1968年，日本经济居于世界第二。1985年与美国等签订"广场协定"后，受到汇率变动和房地产泡沫影响，日本经济出现了衰退。1997年亚洲金融危机和2008年金融危机使得日本经济再次受到重创。一直以来，日本政府致力于通过扩大国内消费来促进和稳定经济增长。20世纪60年代，日本政府通过"国民收入倍增计划"来提高居民的收入水平，通过收入再分配政策等解决收入差距问题等，通过城市化和破除城乡二元结构等增加农民收入，通过个人所得税减免计划等减轻居民的纳税负担[1]。这样做的目的都是通过扩大和调整居民的收入来支持消费扩张。为了提高本国居民的消费水平，日本政府还不断扩大和调整财政支持结构。通过国债支出、地方转移性支出、科教文卫支出和社会保障支出等民生性质的财政支出来促进居民消费水平的提高[2]。尤其是在社会保障方面，日本政府相继出台了《健康保险法》《国民年金法》《生活保护法》《老人福利法》和《社会福利事业法》等保障各类人权的基本权益和社会福利[3]。1961年，

---

[1] 肖翔、张昕：《浅议日本社会消费和消费对策的演变与启示》，《消费经济》2012年第6期。

[2] 罗志红、朱青：《基于财政支出结构的日本居民消费效应分析》，《商业研究》2013年第4期。

[3] 肖翔、张昕：《浅议日本社会消费和消费对策的演变与启示》，《消费经济》2012年第6期。

第七章　国家在消费中的作用

开始实施全面医保体制，逐渐建成了现代化的福利国家体制。由于有了良好的社会保障，日本国民才没有后顾之忧，才敢于消费，有利于扩大内需。

1985年9月22日，为了解决美国的财政赤字和贸易逆差等问题，美国、日本、德国、法国和英国财长和央行行长在纽约广场饭店签署了"广场协定"，开始了日元兑美国的主动贬值。之后，受到汇率影响，日本企业的出口竞争力逐渐下降，日本国内经济出现了房地产泡沫。最终泡沫破灭后，日本经济开始陷入了长期停滞。20世纪90年代开始，为了解决商品销售和稳定经济增长，日本政府开始联合银行、企业和家庭居民部门，共同推动消费信贷的发展。消费信贷的扩张，一定程度上缓解了日本经济衰退的力度，稳定了经济的长期增长趋势[1]。另外，日本在推行绿色消费方面，国家制定了鼓励绿色生产和消费的法律法规，加大对绿色生产和消费的补贴，强制性要求生产者和消费者履行环保责任[2]。

当然，受到日本经济不景气以及终身雇佣制的瓦解，工资增长速度缓慢和实际物价水平上涨等原因影响，日本在20世纪90年代也出现了"厌消费"群体，出现了"低欲望社会"。"低欲望社会"必然对企业的商品销售和国家的经济增长带来负面影响，对此，日本已经在都市再开发、闲置土地再利用、旅游设施建设、移民政策和教育等方面做出新的筹划[3]。

---

[1] 张艾莲、刘柏：《日本消费信贷及其对中国消费经济发展的启示》，《现代日本经济》2013年第5期。

[2] 於素兰、孙育红：《德国日本的绿色消费：理念与实践》，《学术界》2016年第3期。

[3] 大前研一：《低欲望社会》，姜建强译，上海译文出版社2018年版。

二 主要启示

可见,通过国家立法、收入倍增计划、收入再分配、社会保障、消费信贷等方式,日本政府在促进消费和扩大内需方面发挥了重要的作用。现代经济社会的发展中,消费问题不仅仅依赖于居民家庭和市场,而且必须依赖国家在多个方面发挥作用。中国作为发展中国家,随着城市化和工业化的推进,投资对经济增长的作用逐渐在下降;随着国际市场环境变化和国外市场需求的变化,进出口对经济增长的贡献度也逐渐减低,甚至为负。要稳定和支持经济增长,消费的作用就越来越重要。国家统计局公布的数据显示,2018年消费支出最终对 GDP 增长的贡献率为 76.2%[①]。要进一步发挥消费对经济增长的作用,就需要进一步稳定和扩大消费。要稳定和扩大消费,不仅需要发挥市场在资源配置中的决定性作用,而且需要发挥国家在扩大消费中的重要作用,如通过国家立法、工资增长计划、收入再分配、社会保障、消费信贷等方式进一步支持和扩大消费规模。

第四节 本章小结

在市场经济中,要发挥消费对经济增长的作用,不仅需要发挥市场在资源配置中的决定性作用,还要发挥国家的重要作用。比较计划经济体制和市场经济体制,可以发现政府在消费中的作用机制和结果是不一样的。计划经济体制中,国家可以直接控制生产和消费,而市

---

① 第一财经:《2018 国民经济成绩单 | 消费支出对 GDP 贡献率为 76.2% 居民消费升级提质》,2019 年 1 月 21 日,https://baijiahao.baidu.com/s?id=1623240262120319598&wfr=spider&for=pc。

场经济体制中国家通过立法、减税和提供社会保障等对扩大消费起到间接性的支持作用。在现代市场经济中，国家对居民消费的影响和作用主要包括通过调节收入分配影响居民的消费水平，通过提高商品和服务的供给数量和质量影响居民的消费水平，提供消费所需要的制度基础设施，提供公共产品和公共服务影响居民的消费水平，构建现代信用体系扩张消费，通过进口政策调节居民的消费。通过日本经验可知，通过国家立法、收入倍增计划、收入再分配、社会保障、消费信贷等方式，日本政府在促进消费和扩大内需方面发挥了重要的作用。对于中国而言，消费对 GDP 增长的贡献度已经超过 70%，要进一步扩大消费，稳定和支持经济增长，既要发挥市场的作用，又要发挥国家的作用，进一步扩大消费规模。

第八章

结论与研究展望

第一节 主要结论

改革开放以来，政府和市场关系问题一直是中国经济体制改革的核心问题之一。如何正确认识和理解1949年中华人民共和国成立以来中国在经济社会发展方面的成就和经验教训，以及如何正确认识和解释中国改革开放40多年来经济发展方面取得的巨大成就？理论界给出了不同的解读，如中西方学者对中国道路和中国模式的解读就是从不同角度给出了阐释。这些阐释有一定的道理，但是大多是借用和套用西方理论来解释中国现象，导致在解释深度上有所欠缺，或者是散失了理论话语权。习近平总书记提出"要坚持中国特色社会主义政治经济学的重大原则"，是对中国特色社会主义政治经济学理论体系和话语体系构建提供了总的指导原则。要坚持这些重大原则，需要在中国特色社会主义政治经济学理论体系构建中体现中国特色、中国风格和中国气派。其中，国家在中国特色社会主义市场经济发展过程中起到了关键性的作用。如何理解国家的角色，以及国家在经济增长、

第八章 结论与研究展望

收入分配、国内统一市场构建、对外贸易和世界市场、生产性消费和生活性消费中的作用是理解和构建中国特色社会主义政治经济学理论体系的关键环节。从这一点来看，结合中外经验，研究国家在经济发展中的作用，具有重要意义。

本书的主题是国家在经济发展中的作用，具体来说，围绕"生产—分配—交换—消费"四个环节，研究国家在经济发展中的作用，具体包括国家在经济增长中的作用、国家在收入再分配中的作用、国家在市场构建中的作用、国家在"对外贸易"和"世界市场"中的作用，以及国家在消费中的作用等。总体来讲，得到以下主要结论。

现代国家在经济增长中发挥了越来越重要的作用，包括保障政权巩固和社会稳定、提供现代社会和市场有效运行的基础设施和公共服务、构建保障市场有效运行的制度基础设施、调节阶级之间和利益集团之间的利益、实施有效的宏观经济政策和对外维护国家和企业等的经济利益等。从美国经济发展历程中可以看出，不同性质和处于不同发展阶段，国家所发挥的作用是不同的。以中华人民共和国成立以来的所有制变迁为线索，可以发现国家立场和国家利益的变化是制度调整和国家作用发生变化的重要原因。

国家在收入再分配的作用。从西方国家经验可知，政府再分配职能和手段会随着对政府职能价值认识、市场经济模式和社会发展阶段性的不同而演进。为此，履行好政府收入再分配调节职能，发挥好政府在收入再分配中的作用，是缩小中国收入差距的重要举措。

国家在构建和完善市场中发挥了重要作用。通过比较研究发现，在西方经济学中古典自由主义、凯恩斯主义和新自由主义等对国家与市场关系的认识是不一样的。比较分析美国、欧盟和中国在不同市场经济模式下，国家在市场构建和完善中的作用是完全不一样的，这对中国构建和完善市场经济体制具有重要启示。

国家在"对外贸易"和"世界市场"中发挥了重要作用。从历史经验看,"对外贸易"和"世界市场"中发挥国家的作用,这既源于实现的需要,也是体现国家主体性和利益性的需要。在"对外贸易"和"世界市场"中,国家的作用是可以具体化,包括提供安全性保障、参与国际协定和规则制定、直接参与国际经济交往、提供国际性和区域性的公共产品和服务、提供国内产业和政策支持和承担最后担保人角色等。以英国的发展历史来看,在"对外贸易"和"世界市场"中,国家的作用是随着发展阶段和国家综合国力的变化而变化的,最终是由其国家利益决定的。

国家在消费中发挥了重要作用。比较计划经济体制和市场经济体制,可以发现政府在消费中的作用机制和结果是不一样的。在现代市场经济中,国家对居民消费的影响和作用主要包括:通过调节收入分配影响居民的消费水平,通过提高商品和服务的供给数量和质量影响居民的消费水平,提供消费所需要的制度基础设施,提供公共产品和公共服务影响居民的消费水平,构建现代信用体系扩张消费,通过进口政策调节居民的消费。

对于中国而言,需要借鉴和学习他国的经验,在经济发展中,正确地处理好市场与政府的关系。发挥市场在资源配置中决定性作用的同时,要基于国家主体性和国家利益,发挥好国家在经济发展中的作用,保障国家的整体利益,企业组织和居民个体的利益,实现经济高质量发展。

第二节 未来研究展望

本书仅仅给出了一个国家在经济发展中作用的理论分析框架,还

第八章 结论与研究展望

没有真正达到建立国家理论的目的。为此,本研究方向可以在理论和实证两个方向进行拓展:在理论上,构建一个基于国家主体性和利益性的国家理论,更好地解释国家在经济发展中的作用,把政党、政府和企业等关系更好地联系起来,并纳入一个统一的分析模型中。在实证分析上,可以采用跨国数据来实证分析不同市场经济模式中,国家在生产、分配、交换和消费中的作用机制,以及影响大小;同时从历史数据来发掘国家在一国不同发展阶段的具体作用。

参考文献

一 中文文献

阿德里亚诺·迪·皮耶特罗、翁武耀:《税收整合和欧洲单一市场》,《国际税收》2014年第2期。

白永秀、王泽润:《非公有制经济思想演进的基本轨迹、历史逻辑和理论逻辑》,《经济学家》2018年第11期。

包海花、郭宝东:《关于缩小地区差距中政府职能的思考》,《内蒙古科技与经济》2003年第10期。

保建云:《中国发达地区间的发展竞争与市场一体化——来自长江三角洲与珠江三角洲的经验证据》,《中国人民大学学报》2006年第3期。

保罗·斯威齐:《资本主义发展论》,商务印书馆2016年版。

布坎南:《自由的限度》,顾肃译,台北联经出版社2000年版。

蔡昉:《金德尔伯格陷阱还是伊斯特利悲剧?——全球公共品及其提供方式和中国方案》,《世界经济与政治》2017年第10期。

蔡昉、张车伟:《中国收入分配问题研究》,中国社会科学出版社2016年版。

陈斌开、林毅夫:《发展战略、城市化与中国城乡收入差距》,《中国社会科学》2013年第4期。

陈俊:《欧盟一体化进程中的立法协调》,《国际经济合作》2011年第6期。

陈映:《我国宏观区域经济发展战略的历史演变》,《求索》2004年第9期。

陈宗胜、王晓云、周云波:《新时代中国特色社会主义市场经济体制逐步建成——中国经济体制改革四十年回顾与展望》,《经济社会体制比较》2018年第4期。

大前研一:《低欲望社会》,姜建强译,上海译文出版社2018年版。

大卫·休谟:《休谟论说文集卷1:论政治与经济》,浙江大学出版2011年版。

丁阳:《政府财政支持支出结构对经济增长的作用分析》,《经济研究导刊》2017年第1期。

丁志刚:《全球化与国家角色》,《世界经济与政治》2002年第2期。

恩格斯:《家庭、私有制和国家的起源》,人民出版社1999、2015年版。

方浩伟、颜佳华:《马克思政府职能理论与新时代政府职能转变》,《湖湘论坛》2018年第3期。

费舒澜:《禀赋差异还是分配不公?——基于财产及财产性收入城乡差距的分布分解》,《农业经济问题》2017年第5期。

冯留建:《马克思主义国家理论与中国国家治理现代化》,人民出版社2017年版。

高景柱:《国家职能、国家能力与国家构建》,《湖北社会科学》2011年第3期。

巩师恩、范从来:《收入不平等、信贷供给与消费波动》,《经济研究》2012年第S1期。

苟兴朝、杨继瑞:《从"区域均衡"到"区域协同":马克思主义区域经济发展思想的传承与创新》,《西昌学院学报》(社会科学版) 2018年第3期。

郭飞:《深化中国所有制结构改革的若干思考》,《中国社会科学》 2008年第3期。

郭庆旺、吕冰洋:《论要素收入分配对居民收入分配的影响》,《中国社会科学》2012年第12期。

哈里·兰德雷斯、大卫·C. 柯南德尔:《经济思想史》,人民邮电出版社2014年版。

哈耶克:《自由秩序原理》,邓正来译,生活·读书·新知三联书店1997年版。

韩冬雪:《理解现代治理体系中的国家职能》,《国家治理》2014年第15期。

何其春:《税收、收入不平等和内生经济增长》,《经济研究》2012年第2期。

何炜:《西方政府职能理论的源流分析》,《南京社会科学》1999年第7期。

何子英:《李斯特主义工作福利国家的兴起、危机与转型——杰索普关于东亚奇迹的政治经济学述评》,《教学与研究》2011年第5期。

贺东航:《面对中国现代国家构建的思考——兼评福山的〈国家构建——21世纪的治理与世界秩序〉》,《社会主义研究》2007年第5期。

贺京同、那艺:《调整政府支出结构 提升居民消费意愿——一个财政政策视角的分析》,《南开学报》(哲学社会科学版)2009年第2期。

胡代光:《新剑桥学派述评》,《经济研究》1983年第1期。

黄明宇:《论政府的经济职能》,《经济研究导刊》2012年第22期。

季陶达:《资产阶级庸俗政治学选择》,商务印书馆1963年版。

蒋敏:《论沃勒斯坦国家与世界经济体》,《南京社会科学》2003年第10期。

解建群:《市场经济中国家作用的增强》,《国外理论动态》2003年第1期。

凯恩斯:《就业、利息和货币通论》,商务印书馆2014年版。

雷达:《经济全球化和国家职能——如何应对经济全球化》,《世界经济与政治》2002年第7期。

李滨:《论经济全球化中国家的被动防护作用与积极作用》,《教学与研究》2005年第5期。

李大林:《马克思主义政府职能的理论及其启示》,《甘肃社会科学》2007年第6期。

李峻登:《政府职能理论与政府职能转变必然性》,《行政论坛》1996年第3期。

李黎力:《扩大内需战略下的国内统一市场建设——来自美国19世纪的经验》,《学习与探索》2012年第12期。

李培林、朱迪:《努力形成橄榄型分配格局——基于2006—2013年中国社会状况调查数据的分析》,《中国社会科学》2015年第1期。

李强、王昊:《我国中产阶层的规模、结构问题与发展对策》,《社会》2017年第3期。

李实:《官方基尼系数存在低估,富人样本低是主要原因》,新浪财经,2016年11月19日,http://finance.sina.com.cn/meeting/2016-11-19/doc-ifxxwrwk1463456.shtml。

李斯特:《政治经济学的国民体系》,邱伟立译,华夏出版社2013年版。

李斯特:《政治经济学的国民体系》,商务印书馆1961年版。

李文华:《新时期我国政府对外经济职能的扩展及其实现》,《经济研究参考》2014年第20期。

李艳秋:《中国特色社会主义所有制结构的演变及启示》,《中国特色社会主义研究》2014年第2期。

李姿姿:《法国社会保障制度变迁中的国家作用及其启示》,《欧洲研究》2008年第5期。

厉以宁:《收入分配制度改革应以初次分配改革为重点》,《经济研究》2013年第3期。

列宁:《国家与革命》,人民出版社2001、2015年版。

林秀清:《提高农村居民财产性收入 缩小福建省城乡居民的收入差距》,《福建广播电视大学学报》2014年第1期。

刘凤义、沈文玮:《当代资本主义多样性的政治经济学分析》,《教学与研究》2009年第2期。

刘军:《马克思国家观的三大理论创新》,《河北学刊》2006年第6期。

刘琳、孙磊:《日本转移支付制度概述及经验借鉴》,《商业研究》2012年第3期。

刘明远:《马克思经济学著作"六册计划"的总体结构与内容探索》,《政治经济学评论》2016年第4期。

刘芝妤、姚利民、岑丽君:《"一带一路"国家贸易的经济收敛效应及中国影响的研究》,《科技与经济》2019年第2期。

罗楚亮、李实、赵人伟:《我国居民的财产分布及其国际比较》,《经济学家》2009年第9期。

罗志红、朱青:《基于财政支出结构的日本居民消费效应分析》,《商业研究》2013年第4期。

洛克:《政府论》,瞿菊农、叶启芳译,商务印书馆1982年版。

洛克：《政府论：下篇》，叶启芳、瞿菊农译，商务印书馆 2005 年版。

马国强：《经济发展水平、税收政策目标与税制结构模式》，《税务研究》2016 年第 5 期。

《马克思恩格斯文集》（第 3 卷），人民出版社 1995、2009 年版。

《马克思恩格斯文集》（第 5 卷），人民出版社 1995 年版。

《马克思恩格斯选集》（第 1 卷），人民出版社 1995 年版。

《马克思恩格斯全集》（第 30 卷），人民出版社 1995 年版。

《马克思恩格斯全集》（第 3 卷），人民出版社 2002 年版。

《马克思恩格斯全集》（第 4 卷），人民出版社 1995 年版。

马陆亭：《教育投入政策的国际比较与我国改革重点》，《国家教育行政学院学报》2006 年第 12 期。

马涛：《经济思想史教程》，复旦大学出版社 2002 年版。

迈克尔·波特：《国家竞争优势》，中信出版社 2007 年版。

毛寿龙、景朝亮：《近三十年来我国政府职能转变的研究综述》，《天津行政学院学报》2014 年第 4 期。

孟德斯鸠：《论法的精神》，许明龙译，商务印书馆 2012 年版。

米尔顿·弗里德曼：《弗里德曼文萃》，胡雪峰、武玉宁译，北京经济学院出版社 2001 年版。

米尔顿·弗里德曼、罗斯·弗里德曼：《自由选择》，机械工业出版社 2008 年版。

倪红日：《缩小居民可支配收入和财产差距的税收政策选择》，《北方经济》2017 年第 3 期。

诺斯、托马斯：《西方世界的兴起》，厉以宁、蔡磊译，华夏出版社 2009 年版。

庞珣：《国际公共产品中集体行动困境的克服》，《世界经济与政治》2012 年第 7 期。

皮凯蒂：《21世纪资本论》，中信出版社2014年版。

钱纳里等：《工业化和经济增长的比较研究》，上海三联书店1995年版。

乔榛：《经济危机的演进与国家作用的变迁》，《学习与探索》2010年第1期。

冉清文：《市场经济与共同富裕的悖论——兼论政府在实现共同富裕目标中的作用》，《求实》2002年第1期。

萨伊：《政治经济学概论》，商务印书馆1982年版。

桑东华：《新中国成立以来党的所有制政策的演变与我国所有制结构的变迁》，《中共党史研究》2010年第7期。

邵红伟：《如何实现效率与公平的统一——推进保障机会平等的制度公平》，《经济学家》2017年第1期。

沈坤荣、刘东皇：《是何因素制约着中国居民消费》，《经济学家》2012年第1期。

沈汐：《从开放协调到经济治理：嬗变中的欧洲福利国家和社会政策一体化过程分析》，《社会保障研究》2017年第5期。

孙志祥：《美国的贫困问题与反贫困政策述评》，《国家行政学院学报》2007年第3期。

汤在兴：《近代西方经济学史》，上海人民出版社1990年版。

田晖：《对我国所有制结构演变及趋势的思考》，《经济问题》2005年第5期。

汪昊、娄峰：《中国财政再分配效应测算》，《经济研究》2017年第1期。

汪洪涛：《国家自力能力是供给侧动能转换的基础性要件》，《邓小平研究》2016年第6期。

王静：《市场经济条件下政府经济管理职能定位与实现》，《经济与社会发展研究》2014 年第 9 期。

王庆安:《美国 20 世纪 60 年代反贫困运动及其影响》,《历史教学问题》2010 年第 6 期。

王晓慧:《家庭财产性收入差距加速贫富分化,财产性收入加税呼声再起》,中证网,http://www.cs.com.cn/xwzx/ms/201505/t20150516_4712588.html.

王晓姗:《中美贸易摩擦发生的原因及对双方的影响》,《经济研究参考》2014 年第 24 期。

王晓真:《美国财富差距达 30 年来峰值》,《红旗文稿》2015 年第 2 期。

王逸舟:《国家利益再思考》,《中国社会科学》2002 年第 2 期。

吴培、李成勋:《充分发挥政府经济职能是贯彻落实五大发展理念的保障》,《管理学刊》2017 年第 4 期。

吴志成、李金潼:《国际公共产品供给的中国视角与实践》,《政治学研究》2014 年第 5 期。

夏兴园、张世晓:《论政府的国际竞争与国际协作职能》,《湖北大学学报》(哲学社会科学版)2007 年第 6 期。

咸怡帆:《社会主义共同富裕:理论、现实及路径探析》,《改革与战略》2018 年第 1 期。

肖红叶、郝枫:《中国收入初次分配结构及其国际比较》,《财贸经济》2009 年第 2 期。

肖翔、张昕:《浅议日本社会消费和消费对策的演变与启示》,《消费经济》2012 年第 6 期。

熊德平:《我国所有制改革历程的制度经济学探索》,《求是学刊》2002 年第 2 期。

徐孝新:《美国统一市场建设实践及启示》,《当代经济管理》2016 年第 11 期。

许兴亚：《马克思经济学著作的"六册计划"与〈资本论〉——读〈《资本论》续篇探索〉一书的思考》，《中国社会科学》1997 年第 3 期。

薛宝贵、何炼成：《我国居民收入不平等问题研究综述》，《经济学家》2015 年第 2 期。

亚当·斯密：《道德情操论》，商务印书馆 2015 年版。

亚当·斯密：《国富论》，郭大力、王亚楠译，商务印书馆 2011 年版。

亚当·斯密：《国富论》（上卷），商务印书馆 1983 年版。

闫帅：《政治调适背景下的中国国家与社会关系再诠释》，《当代世界与社会主义》2015 年第 5 期。

严鹏：《国家作用与中国的工业化道路：一个新李斯特主义的解读》，《当代经济研究》2015 年第 12 期。

杨圣明、王茜：《马克思世界市场理论及其现实意义——兼论"逆全球化"思潮的谬误》，《经济研究》2018 年第 6 期。

杨天宇：《斯蒂格利茨的政府干预理论评析》，《学术论坛》2000 年第 2 期。

余致远、谷亚光：《瑞典的收入分配及其启示》，《当代经济研究》2012 年第 4 期。

於素兰、孙育红：《德国日本的绿色消费：理念与实践》，《学术界》2016 年第 3 期。

郁建兴：《论全球化时代的马克思主义国家理论》，《中国社会科学》2007 年第 2 期。

袁媛、伍彬：《英国反贫困的地域政策及对中国的规划启示》，《国际城市规划》2012 年第 5 期。

约翰·梅纳德·凯恩斯：《就业、利息和货币通论》，经济管理出版社

2012年版。

约翰·穆勒：《政治经济学原理》，赵荣潜等译，商务印书馆1991年版。

约瑟夫·E.斯蒂格利茨、吴先明：《政府失灵与市场失灵：经济发展战略的两难选择》，《社会科学战线》1998年第2期。

张艾莲、刘柏：《日本消费信贷及其对中国消费经济发展的启示》，《现代日本经济》2013年第5期。

张二震、戴翔：《全球贸易保护主义新趋势》，《人民论坛》2017年第5期。

张惠玲：《市场经济条件下政府经济管理职能定位与实现》，《中国国际财经》（中英文）2018年第8期。

张慧君：《完美的国家、异化的国家与有效的国家——论市场社会主义的国家理论模型》，《当代经济研究》2011年第2期。

张杰：《全球经济调整与中国的选择：一个历史演进视角》，《经济理论与经济管理》2008年第12期。

赵敏：《资本全球化趋势下国家的作用会越来越小吗》，《经济学家》2019年第1期。

赵声馗、陈钰：《全面深化改革背景下政府经济职能定位探析》，《经济研究导刊》2014年第14期。

赵亚明：《地区收入差距：一个超边际的分析视角》，《经济研究》2012年第S2期。

郑功成：《中国社会保障改革：机遇、挑战与取向》，《国家行政学院学报》2014年第6期。

郑皓瑜：《经济发展理论与国家经济角色的转变——以90年代巴西为例浅析结构主义与新结构主义》，《拉丁美洲研究》2006年第6期。

中国国际经济交流中心课题组、綦鲁明：《推进供给侧结构性改革：

"补短板"是重中之重（总报告）》，《经济研究参考》2017 年第 26 期。

周文、包炜杰：《中国特色社会主义政治经济学的国家主体性问题》，《学习与探索》2018 年第 9 期。

二　英文文献

A. Shaikh, "Income Distribution, Econophysics and Piketty", *Review of Political Economy*, 2017（1）: 19 – 29.

Bruce C. Greenwald, Joseph E. Stiglitz, "Externalities in Economies with Imperfect Information and Incomplete Markets", *The Quarterly Journal of Economics*, 1986（2）: 229 – 264.

Edward Denison, *Trends in American Economic Growth, 1929—1982*, Washington, D. C. : The Brookings Institution, 1985.

E. N. Wolff, "Inequality and Rising Profitability in the United States, 1947 – 2012", *International Review of Applied Economics*, 2014, 29（6）: 1 – 29.

F. Bastagli and J. Hills, "Wealth Accumulation in Great Britain 1995 – 2005: the Role of House Prices and the Life Cycle", London School of Economics and Political Science, LSE Library, 2012.

Harold G. Moulton, *Waterways Versus Railways*, Boston, 1926.

Herwig Immervoll, Linda Richardson, "Redistribution Policy and Inequality Reduction in OECD Countries: What has Changed in Two Decades", IZA Discussion Paper, 2011（6030）.

H. Immervoll, H. Levy, C. Lietz, D. Mantovani, C. O'Donoghue, H. Sutherland, G. Verbist, "Household Incomes and Redistribution in the European Union: Quantifying the Equalising Properties of Taxes and Benefits", Economics Series 184, Institute for Advanced Studies, 2006.

Hiroko Uchimura, "Influence of Social Institutions on Inequality in China Institute of Developing Economies", Discussion Paper, 2005 (26).

J. Frick and M. Grabka, "Wealth Inequality on the Rise in Germany," German Institute for Economic Research Weekly Report, No. 10, 2009.

Kinam Kim, Peter J. Lambert, "Redistributive Effect of U. S. Taxes and Public Transfers, 1994 - 2004", *Public Finance Review*, 2009 (1): 3 - 26.

Kotz David M., McDonough Terrence, "Global Neoliberalism and the Contemporary Social Structure of Accumulation", Edited by Terrence McDonough, Michael Reich, David M. Kotz, *Contemporary Capitalism and its Crises: Social Structure of Accumulation Theory for the Twenty-First Century*, London: Cambridge University Press, 2010.

L. Arrondl, L. Bartiloro and P. FESSLER, et al., "How Do Households Allocate Their Assets? Stylised Facts from the Eurosystem Household Finance and Consumption Survey", Central Bank of Luxembourg Working Paper, 2014.

Mark Laffey, Kathryn Dean, "A Flexible Marxism for Flexible Times : Globalization and Historical Materialism", In Mark Rupert and Hazel Smith (eds.), *Historical Materialism and Globalization*, Routledge, 2002.

P. Bowles, "Rebalancing China's Growth: Some Unsettled Questions", *Canadian Journal of Development Studies*, 2012 (1): 1 - 13.

P. Lysandrou, "Global Inequality, Wealth Concentration and the Subprime Crisis: A Marxian Commodity Theory Analysis", *Development and Change*, 2011 (1): 183 - 208.

Richard A. Musgrave, *The Theory of Public Finance: A Study in Public E-*

conomy, New York: McGraw – Hill, 1959.

R. Morissette, X. Zhang, "Revisiting Wealth Inequality", *Perspectives on Labor and Income*, 2006, 19 (1): 6.

Robert C. Allen, Engels' Pause: Technical Change, Capital Accumulation, and Inequality in the British Industrial Revolution", *Explorations in Economic History*, 2009 (4): 418 – 435.

Thomas Piketty, Emmanuel Saez, "How Progressive is the U. S. Federal Tax System? A Historical and International Perspective", *Journal of Economic Perspectives*, 2007 (1): 3 – 24.

T. Piketty, L. Yang, G. Zucman, "Capital Accumulatio, Private Property and Rising Inequality in China, 1978 – 2015", NBER Working Paper, 2017.